Dort fertigt er eine Vielzahl von Zeichnungen
und Gemälden an. Er hält Rituale,
Bräuche und Gewohnheiten der Indianer auf der
Leinwand fest, dokumentiert ihre Büffeljagd.
Der Künstler ist gleichzeitig Reporter, Historiker
und Ethnograph; das Werk, das er hinterläßt,
ist nicht nur ein außerordentlich lebendiges
Zeugnis einer vergangenen Epoche und
Kultur, sondern auch ein einfühlsames Abbild
der indianischen Mentalität.

Rennender Fuchs

Vier Bären
(Four Bears), Häuptling der Mandan

Bogen und Köcher
(Bow and Quiver), Häuptling der Comanche

Fett vom Büffelrücken
(Bull's Back Fat), Häuptling der Blackfoot

Sharita Rish
Häuptling der Kansa

Kleiner Wolf
(Little Wolf), Häuptling der Iowa

Wolf und Hügel
(Wolf and Hill), Häuptling der Cheyenne

Mann mit klarem Urteil
(Man of Good Sense), Häuptling der Kansa

Philippe Jacquin ist seit 1984 Assistent für Neuere Geschichte an der Universität Lyon. Seit etwa 20 Jahren beschäftigt er sich mit der indianischen Geschichte. Er veröffentlichte bereits eine „Geschichte der nordamerikanischen Indianer", arbeitet regelmäßig an der französischen Zeitschrift „Histoire" als Sachverständiger für Kolonialgeschichte und Indianerfragen und schreibt gerade ein Buch über die „Weißen Indianer", d. h. über die Beziehungen zwischen Franzosen und Indianern im 17. und 18. Jahrhundert.

Deutsche Textfassung und wissenschaftliche Bearbeitung: Michael Meppiel, Ethnologe

---

CIP-Titelaufnahme der Deutschen Bibliothek

Indianerland! /
Philippe Jacquin. [Dt. Textfassung u. wiss. Bearb.:
Michael Meppiel]. – Dt. Erstausg. –
Ravensburg: Maier, 1990
(Abenteuer Geschichte; 9) (Ravensburger Taschenbücher; Bd. 1009)
Einheitssacht.: La terre des Peaux-Rouges <dt.>
ISBN 3-473-51009-2
NE: Jacquin, Philippe [Mitverf.]; Meppiel, Michael [Bearb.];
EST; 1. GT; 2. GT

ABENTEUER GESCHICHTE

Deutsche Erstausgabe als Ravensburger Taschenbuch
© 1990 Ravensburger Buchverlag Otto Maier GmbH

Die Originalausgabe erschien unter dem Titel
„La Terre des Peaux-Rouges"
© 1987 Editions Gallimard, Paris

Redaktion der deutschen Fassung: Martin Sulzer

Alle Rechte dieser Ausgabe vorbehalten durch
Ravensburger Buchverlag Otto Maier GmbH
Satz: Eduard Weishaupt, Meckenbeuren
Printed in Italy by Soc. Editoriale Libraria

5 4 3 2 1   94 93 92 91 90

ISBN 3-473-51009-2

INDIANERLAND!

Philippe Jacquin

Otto Maier Ravensburg

Erstes Kapitel
ROTHÄUTE UND EISENMENSCHEN

Auf der Suche nach einem neuen Seeweg nach Indien landet Christoph Kolumbus 1492 an den Ufern rätselhafter Inseln. Zu seiner Überraschung trifft er dort nicht die „Ungeheuer an, mit denen man hätte rechnen können", sondern „gutgebaute Menschen von schöner Gestalt". In der Annahme, an der Küste Indiens gelandet zu sein, nennt er die Menschen Indianer. Kolumbus weiß noch nicht, daß er eine neue Welt entdeckt hat…

Die Neue Welt tritt in dem Moment als Land der Hoffnung für die Verfolgten in den Blickpunkt der Geschichte, als blutige Religionskriege die europäische Christenheit spalten. Von ihrer Ankunft an stellen die Siedler das Land unter den Schutz Gottes, indem sie ihren Gottesdienst in der „freien Wildnis" abhalten.

Der Bericht von Christoph Kolumbus und seinen Begleitern über die Bewohner der Inseln fasziniert die Europäer von Anfang an. Man rätselt über ihre Herkunft, sucht mehr über sie zu erfahren, doch erst die ur- und frühgeschichtlichen Funde unseres Jahrhunderts bringen etwas Licht in die Vergangenheit der Indianer.

Die Bibel spricht nicht von den Indianern. Sind sie die Überlebenden eines der sieben Stämme Israels? Oder stammen sie von den Ägyptern ab? José de Acosta, ein spanischer Jesuit, ist der erste, der über die Möglichkeit ihrer asiatischen Herkunft nachdenkt. Gegen Ende des 19. Jahrhunderts bringen Ausgrabungen den Reichtum der präkolumbischen Kulturen zum Vorschein. Untersuchungen an alten Skeletten beweisen, daß die Indianer aus Asien stammen.

Heute weiß man, daß sie vor über 30 000 Jahren über Nordostasien nach Nordamerika kamen.

Ende des letzten Jahrhunderts machen sich amerikanische Archäologen daran, die Funde auszuwerten, die 30 000 Jahre in der Erde verborgen waren und nun wieder ans Licht gebracht werden: Gebrauchsgegenstände, Pfeilspitzen, Harpunen, Masken und Figuren. Die Forscher versuchen die Gegenstände zu interpretieren, doch sicher weiß man bis heute eigentlich nur, daß die präkolumbischen Indianer aus Asien stammen und über die Beringstraße und Alaska nach Amerika kamen. Über ihre Geschichte weiß man kaum etwas.

Behauene Steine, Pfeilspitzen und Schaber stammen aus der frühen Geschichte der ersten Bewohner Amerikas. Die Knochenharpune (unten) benutzten die Nordwestküsten-Indianer beim Walfang. Die vogelförmigen Steine dienten als Gewichte.

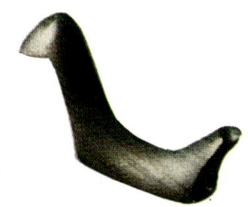

Erst seit dem Zeitpunkt, als die Spanier (wegen der eisernen Rüstungen von den Indianern „Eisenmenschen" genannt) in Amerika anlegen, kennt man die Geschichte der „Rothäute", wie die Indianer von den Weißen wegen ihrer roten Kriegsbemalung genannt werden. Missionare und Entdecker berichten, daß die Indianerstämme untereinander ein weitverzweigtes, kompliziertes Kommunikationssystem unterhalten und politische Abkommen und

Handelsverträge miteinander abschließen. Die mächtigsten Stämme beherrschen ausgedehnte Territorien und verlangen von durchreisenden Händlern Wegezoll. Sie überwachen, ja kontrollieren die großen Handelsstraßen, auf denen Muscheln und Schneckengehäuse, Pelze, Kupfer und Mais transportiert werden. Doch die Einmischung der Fremden aus Europa mit ihrer überlegenen Technik soll die etablierten Beziehungen nachhaltig verändern.

Um das Jahr 1000 n. Chr. leben einige Wikinger bereits für kurze Zeit in Amerika. Doch die Alte Welt verliert die Neue noch einmal für etwa 500 Jahre aus dem Blickfeld.

Die Wikinger sind die ersten Europäer, die den Fuß auf nordamerikanischen Boden setzen. Die Männer um Leif Erikson stoßen im 10. Jahrhundert von Grönland aus auf ein Gebiet im Nordosten Amerikas vor und taufen es „Vinland". Doch ihre Beziehungen zu den Indianern (die sie, wie die Sagas erzählen, Skraelinger nennen) verschlechtern sich schon bald, und es kommt zu gewalttätigen Auseinandersetzungen. Die vielen Pfeilspitzen, die man zwischen den menschlichen Knochen an den alten Siedlungsplätzen der Wikinger gefunden hat, bezeugen dies.

Die Nordmänner sind nur kurz in Amerika. Und in Europa interessiert sich niemand für ihre Entdeckungen. Erst viel später findet Christoph Kolumbus auf der Suche nach den Reichtümern Indiens den Kontinent erneut. Von da an sehen die Indianer der Ostküste immer wieder Schiffe vor ihren Ufern kreuzen, die in Bristol, Saint Malo und Cadiz ausgerüstet worden sind.

Das anbrechende 16. Jahrhundert ist die Zeit der großen Entdeckungsreisen zur See. Jean Cabot, Juan Fernandez, Giovanni da Verrazano sowie Jacques Cartier loten das Meer aus, durchstöbern die Buchten und fahren in größere Flußmündungen ein. Die undurchdringlichen Wälder lassen den amerika-

Wie sehen die Indianer die europäischen Neuankömmlinge? Die Bruchstücke mündlicher Überlieferung, die über europäische Schriften zu uns gekommen sind, lassen darauf schließen, daß man den ersten Weißen mit Neugier und Furcht begegnet. Die „Eisenmänner", „Stoffmänner" oder „Bärtigen" sind „wunderbare Wesen", die einen Feuerstock (Gewehr) tragen. Man bewundert und befühlt ihre weiße Haut, man vernimmt ihre seltsame Sprache. Ihre Habgier und Brutalität beunruhigen die Indianer jedoch und erscheinen ihnen rätselhaft. Warum kommen sie in ein Land, wo sie an Hunger und Kälte leiden, wo doch das ihre so reich zu sein scheint?

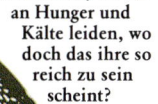

16 ROTHÄUTE UND EISENMENSCHEN

DIE BEWOHNER DER NEUEN WELT

Dieses Gemälde von Théodore Gudin trägt den Titel „Jacques Cartier entdeckt den Sankt-Lorenz-Strom". Aus ihm spricht das Pathos des Kolonialismus. Doch die Romantik des letzten Jahrhunderts, die noch hinter dem Bild steht, hat wenig mit der historischen Realität des 17. Jahrhunderts zu tun. Die Gestik des Willkommens der Indianer, ihre Begeisterung über die Ankunft der europäischen Kulturbringer, ist weit übertrieben. Zwar nahmen die Indianer die weißen Siedler auf und unterstützten sie, so daß sie in den ersten Jahren überleben konnten, doch herrschte in dem Verhältnis zwischen beiden immer ein gesundes Mißtrauen vor.

nischen Kontinent unbewohnt erscheinen. Wenn das Land selbst zunächst auch keine Reichtümer verspricht, ist doch das Meer – vor allem vor den nördlichen Küsten – reich an Fischen. In Europa erlebt man in dieser Zeit so manches magere Jahr. Daher werden Tausende von Fischern vom Fischreichtum der nordamerikanischen Küste angelockt.

Männer aus der Normandie, England und Portugal fahren jährlich zum Kabeljaufang aus, während die Basken in den polaren Gewässern auf Walfang gehen. Ab der Mitte des 16. Jahrhunderts gibt es überall an der amerikanischen Küste verstreut Hütten, in denen die Europäer ihren Fang trocknen und Walöl gewinnen.

Die Beothuk-Indianer tauschen Fischotter- und Biberfelle gegen Eisenwerkzeuge wie Ahlen und Messer, Stoffe und andere Gebrauchsgegenstände der Weißen ein, lernen deren Brot und den Alkohol kennen. Doch schon bald behandeln die Seeleute sie wie ihre Sklaven, mißhandeln sie, vergewaltigen ihre Frauen. Daraufhin fliehen die Indianer in die Wälder, um vor den Weißen sicher zu sein.

Die Weißen schleppen schreckliche Pockenepidemien ein. Sie selbst aber werden durch die indianische Heilkunst vom Skorbut befreit.

Im Jahr 1539 erleben die Indianer Floridas die Ankunft der Spanier. Drei Jahre lang irrt Hernando de Soto mit rund 100 Soldaten im Südwesten Nordamerikas umher. Die Expedition erweist sich als verhängnisvoll für die Indianer: Zu den kriegerischen Zusammenstößen kommt auch noch die Ausbreitung der von den Spaniern eingeschleppten Blattern. Da das Immunsystem der Indianer dieser Krankheit keinerlei Abwehrkräfte entgegensetzen kann, sterben viele an der Seuche.

Wegen seiner großen Fertigkeit beim Schwimmen und wegen seines geschuppten Schwanzes hält man den Biber zunächst für einen Fisch. So erlaubt z.B. die katholische Kirche, daß er in der Fastenzeit gegessen wird.

Die Mündung des Sankt-Lorenz-Stroms, wahrscheinlich im 17. Jahrhundert. So naiv die Kartographie der Zeit uns heute auch scheinen mag, spielt sie doch eine große Rolle. Sie ist das wesentliche Werbemittel gegenüber potentiellen Investoren wie der Krone oder den reichen Bürgern in den großen Häfen. Sie stellt eine Fundgrube für Auskünfte über die Natur, Reichtum und Bewohner des Landes dar.

Die Bewohner von Hochelaga glauben, daß Jacques Cartier mit magischen Kräften ausgestattet sei. Sie zeigen ihm ihren kranken Häuptling, damit er ihn heile. Der Kapitän wagt nicht, sich der Aufgabe zu entziehen und massiert die Glieder des Alten, der ihm als Dank seine Federkrone aufsetzt.

Auch an der Nordostküste, wo nur sporadische Kontakte zwischen Weißen und Indianern bestehen, verursachen Epidemien bald ein Massensterben unter der einheimischen Bevölkerung. Ganze Dörfer werden ausgerottet und einzelne Landstriche von ihren Bewohnern vollständig verlassen. Als sich Jacques Cartier 1534 in Hochelaga, einem Dorf am Sankt-Lorenz-Strom, aufhält, infiziert er die Irokesen mit einer todbringenden Seuche.

Während die indianischen Heilmethoden gegen die Krankheiten der Weißen wirkungslos bleiben, rettet der Tee aus dem Konzentrat weißer Zedern, den die Indianer herstellen, die von Skorbut befallenen Seeleute vor dem sicheren Tod.

1535/36 hält Cartier den Lauf des Sankt-Lorenz-Stroms auf Karten fest und ebnet damit den Weg für die Besiedlung des Gebiets durch die Franzosen. Die Erschließung des Gebiets schreitet allerdings in der zweiten Hälfte des 16. Jahrhunderts nur zögernd voran. Lediglich hier und da entstehen einige Handelsposten in *Akadien*.

Erst zu Beginn des 17. Jahrhunderts beginnt eine wahre europäische Offensive auf Nordamerika.

1608 richtet Samuel de Champlain aus Saintonge an der Stelle des heutigen Québec mit einigen Pionieren und reformierten Franziskanern einen Stützpunkt ein. Die ersten Missionare in Nordamerika kümmern sich um die Bekehrung der Algonkin, die die Niederlassung häufig besuchen. Champlain selbst verbringt den Winter 1615/16 im Gebiet der Huronen, zu denen er ausgezeichnete Beziehungen unterhält.

Weiter südlich gehen 1607 in der Chesapeake Bay 144 Engländer, angeführt von Kapitän John Smith, an Land. Sie gründen die erste englische Siedlung auf amerikanischem Boden: Jamestown. Im Jahr 1609 segelt Henry Hudson im Auftrag der *Ostindischen Kompanie* * den Fluß hinauf, der heute seinen Namen trägt, und veranlaßt die Holländer, die Insel Manhattan zu besetzen. Ebenfalls auf seine Initiative hin wird Fort Albany gegründet, das zu einem Zentrum des Pelzhandels wird.

Die Motive, die der englischen und der holländischen Auswanderung zugrunde liegen, sind jedoch völlig verschieden. Während die holländischen Siedler meist sehr arme Leute sind, die die Hoffnung auf eigenes Land und schnellen Reichtum nach Neu-Amsterdam (heute New York) locken, kommen die *Puritaner* nach Nordamerika, da sie sich dort Religionsfreiheit und Schutz vor Verfolgung erwarten.

Im Innern der Befestigungsanlagen der runden Stadt Hochelaga, von der Cartier stark beeindruckt ist, befinden sich „50 Häuser, die 50 Schritte lang sind, alle aus Holz gebaut und mit großen Rindenplatten bedeckt."
Jacques Cartier

* **kursive Begriffe** siehe Glossar Seite 182.

ENGLÄNDER, FRANZOSEN UND HOLLÄNDER 21

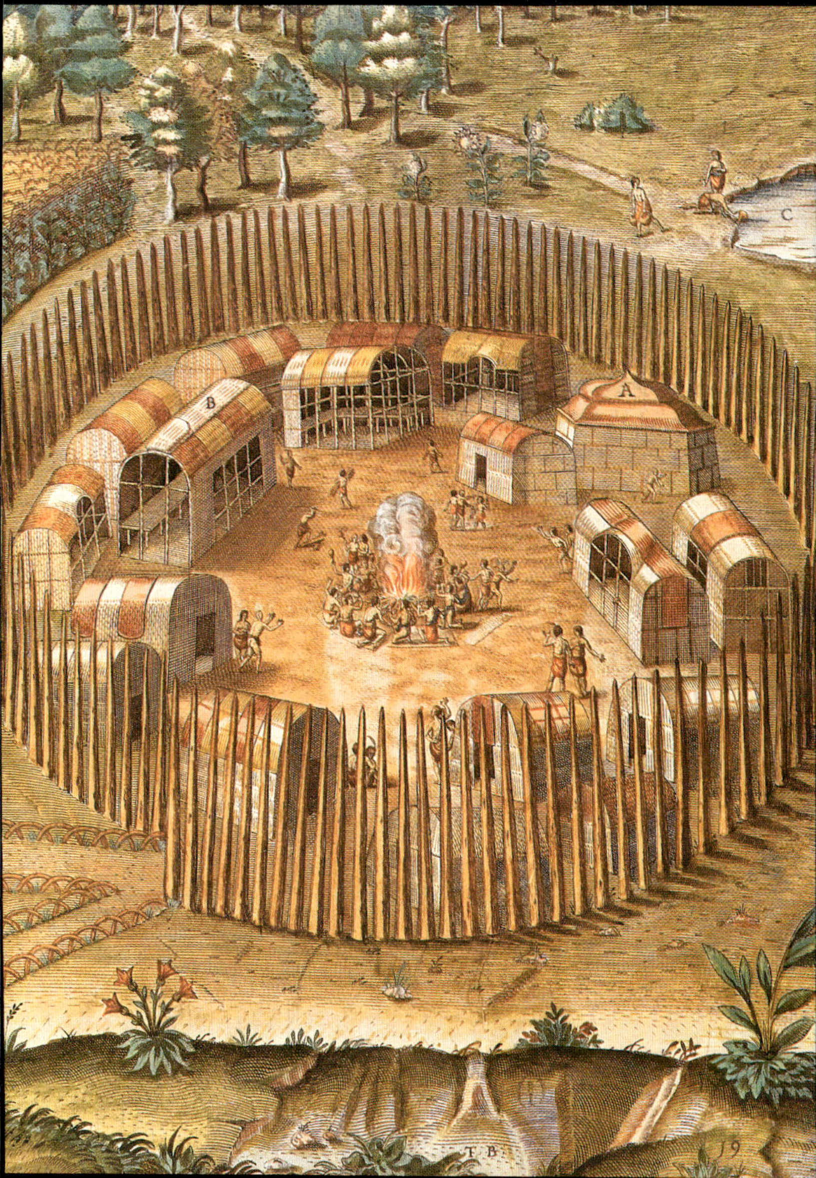
A
B
C
T.B.
19

Transport der Ernte in die öffentlichen Kornspeicher.

Im Jahr 1562 gründen französische Protestanten, angeführt von Ribault und de Laudonnière, eine Niederlassung im Norden Floridas. Zwei Jahre später reist Le Moyne ab, um die Gegend zu kartographieren und Informationen über ihre Bewohner zu sammeln. Seine Zeichnungen vermitteln einen Eindruck von ihrem täglichen Leben. Nach Frankreich zurückgekehrt, veröffentlicht er 1591 einen Kommentar zu seinen Beobachtungen, ergänzt durch Zeichnungen und kolorierte Stiche des flämischen Künstlers Theodor van Bry. Sie stellen eines der seltenen ethnologisch exakten Dokumente der Zeit dar.

Seiten 22 und 23:
Zwei indianische Dörfer: Pormcick (links) und Secota (rechts).

Dieser Stich von Le Moyne versucht die regelmäßige Anordnung der „Langhäuser" von Secota, das von Feldbauern bewohnt wird, deutlich zu machen. Mehrere Familien teilen sich ein Haus. Die Feuerstelle ist das Zentrum des gemeinschaftlichen Lebens. Auch wenn das Dorf friedlich wirkt, ist Pormcick doch von Palisaden umgeben, und das Tor ist geschlossen, um eventuellen Überraschungsangriffen begegnen zu können.

Fischzubereitung auf einem Holzrost.

V an Bry stellt eine im Überfluß lebende Gesellschaft dar. Die Einheimischen braten imponierend große Fische, die Jagdszenen deuten auf einen reichen Wildbestand hin. Die Solidarität der Einheimischen erstaunt sowohl van Bry als auch Le Moyne, der dazu sagt: „Es wäre wünschenswert, daß die Herzen und der Verstand der Christen ebenso wenig der Gier unterworfen wären."

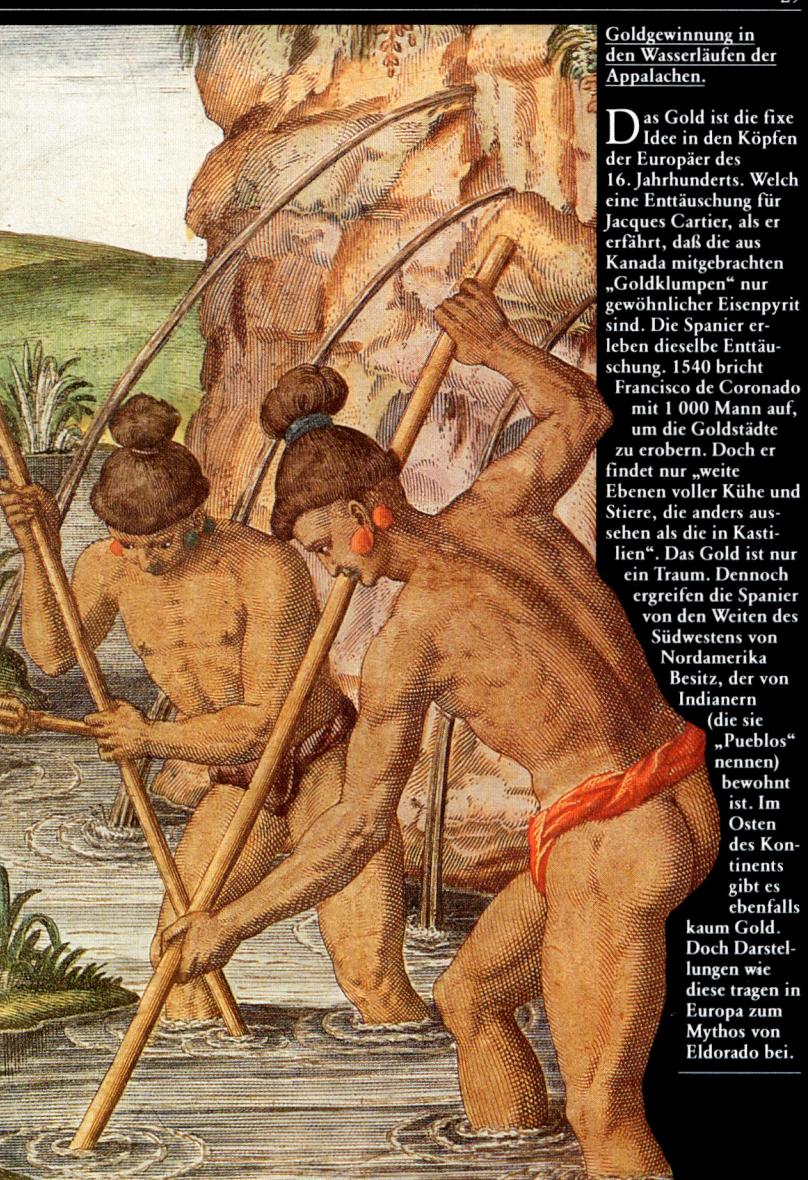

Goldgewinnung in den Wasserläufen der Appalachen.

Das Gold ist die fixe Idee in den Köpfen der Europäer des 16. Jahrhunderts. Welch eine Enttäuschung für Jacques Cartier, als er erfährt, daß die aus Kanada mitgebrachten „Goldklumpen" nur gewöhnlicher Eisenpyrit sind. Die Spanier erleben dieselbe Enttäuschung. 1540 bricht Francisco de Coronado mit 1 000 Mann auf, um die Goldstädte zu erobern. Doch er findet nur „weite Ebenen voller Kühe und Stiere, die anders aussehen als die in Kastilien". Das Gold ist nur ein Traum. Dennoch ergreifen die Spanier von den Weiten des Südwestens von Nordamerika Besitz, der von Indianern (die sie „Pueblos" nennen) bewohnt ist. Im Osten des Kontinents gibt es ebenfalls kaum Gold. Doch Darstellungen wie diese tragen in Europa zum Mythos von Eldorado bei.

ROTHÄUTE UND EISENMENSCHEN

Die Neuankömmlinge sind nicht im geringsten auf den Winter vorbereitet. Nur dank der indianischen Hilfe entrinnen sie dem Hungertod.

Im Unterschied zu den Pelzhändlern haben diese Neuankömmlinge das Ziel, sich in der Neuen Welt niederzulassen und eigenen Landbesitz zu erwerben. Die Puritaner sind der Überzeugung, das auserwählte Volk zu sein, das Gott dazu berufen hat, den Reichtum dieses Landes zu nutzen. Daher kennen sie kaum Skrupel gegenüber der be-

Die Puritaner sind eine streng religiöse Minderheit der Presbyterianer. Da sie im 17. Jahrhundert von den Stuart-Königen verfolgt werden, wandern viele von ihnen nach Amerika aus.

AMERIKA – LAND DER FREIHEIT

nachbarten indianischen Bevölkerung. Für sie sind die Indianer lediglich grausame Wilde, Barbaren, wenn nicht sogar Söhne Satans. Schon bald entsteht aus dieser verächtlichen Haltung offene Feindschaft.

Die Indianer dagegen empfangen die Fremden mit freundschaftlicher Neugier. In diese mischen sich Furcht vor den und Respekt für die Wesen, die übernatürliche Fähigkeiten zu besitzen scheinen. Sie verstehen das Verhalten der Europäer nicht, die die Großzügigkeit der Indianer mit Habgier beantworten und ihre eigenen Kinder mißhandeln. Ein Indianer wird nur noch nach Anmeldung vorgelassen und darf sich nicht selbst zum Essen einladen, wie es für ihn eigentlich selbstverständ-

Im Jahr 1620 landen 200 Puritaner am Cape Cod, mitten im Gebiet der Pawtuxet. In der Gegend, in der die Siedler sich niederlassen, herrscht ein rauhes Klima, und viele sterben schon in den ersten Wochen am Skorbut. Doch bevor alle verhungern, werden sie von einem Indianer gerettet: „Squanto wurde zu ihrem Dolmetscher und zum Instrument, das Gott zu ihrem Wohlergehen schickte. Er brachte ihnen bei, wie man Mais sät, Fische fängt und Nahrungsmittel sammelt. Außerdem führte er sie überall hin." (John Smith)

lich ist. Doch am seltsamsten scheint den Indianern, daß die Weißen „Holz essen" (Brot) und „Blut trinken" (Rotwein).

Trotz ihrer Macht wagen es die Weißen nicht, sich weit von der Siedlung zu entfernen. Außerdem ertragen sie die Kälte im Winter und die Stechmücken im Sommer nur schlecht und verhalten sich bei der Jagd sehr ungeschickt. Dennoch verlangen die Siedler Gehorsam von den Indianern, zwingen sie, zusammen mit ihnen Kriege gegen andere Völker zu führen und sich taufen zu lassen.

Squanto wird 1614 gefangengenommen und nach England gebracht, wo er fünf Jahre bleibt, bevor er nach Massachusetts zurückkehrt. Dennoch hegt er keinen Groll gegen die weißen Siedler, ja die Stadt Plymouth entgeht sogar dank ihm einer Katastrophe.

Zweites Kapitel
MIT PULVER UND FEUER...

Jamestown, New Plymouth, Neu-Amsterdam, Québec..., im ersten Viertel des 17. Jahrhunderts haben die Europäer in Nordamerika fest Fuß gefaßt. Und schon bald stürzen sowohl religiöser Fanatismus als auch die pure Gier den ganzen Kontinent in Haß und Krieg. Im Vertrauen auf ihr Recht kennen die Eindringlinge kein Erbarmen mit den „Wilden", ohne die sie in ihrem ersten Winter an Hunger und Kälte gestorben wären.

„Wir sind in den größten Wäldern der Welt, die allem Anschein nach ebenso alt sind wie die Erde. Es gibt nichts Großartigeres. Die Bäume verlieren sich in den Wolken."
Charlevoix, Beschreibung Neufrankreichs 1744

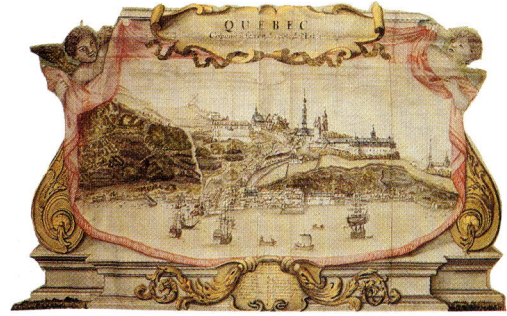

34 MIT PULVER UND FEUER...

How they tooke him prisoner in the Oaze 1607.

Anfangs bemühen sich die Indianer noch um die Weißen. So bietet 1608 Wohunsonacock, Anführer der Powhatan-*Konföderation*, John Smith bei Jamestown seine Tochter Pocahontas zur Frau an. Damit bringt der *Häuptling* seinen Wunsch nach einem friedlichen Zusammenleben der beiden Gemeinschaften auf der Grundlage von Gleichheit und gegenseitigem Respekt zum Ausdruck. Doch seine Botschaft wird nicht verstanden: Die Kolonisten verlangen von den Indianern, sich als Untertanen des englischen Königs zu betrachten. Diese weigern sich jedoch, den Befehlen von Gouverneur John Smith Folge zu leisten.

John Smith, der erste Gouverneur der englischen Kolonie Jamestown, veröffentlicht 1616 eine allgemeine Geschichte Virginias, in der er seine Sicht des Konflikts mit der Powhatan-Konföderation darstellt.

<u>Zunächst ist die Situation für die Siedler äußerst heikel. Sie sind nur eine Handvoll Leute inmitten von 30 000 Indianern.</u>

Die Kolonisten brauchen von den Indianern Wild und Mais und zögern nicht, sich diese Nahrungsmittel zu beschaffen, indem sie Dörfer überfallen und ausplündern. Als 1610 zwei Siedler ermordet werden, spitzt sich die Lage zu. Die Engländer unternehmen eine Vergeltungsaktion, brennen zwei Dörfer nieder und massakrieren Frauen und Kinder. Auf den Machtmißbrauch der Weißen, ihre Kränkungen und Plünderungen reagieren die Indianer schließlich mit Gewalt. Im März 1622 macht die Powhatan-Konföderation mobil, greift die Siedlung an und tötet 350 Engländer. Von nun an herrscht offener Krieg.

POWHATAN
Held this state & fashion when Capt. Smith was delivered to him prisoner 1607

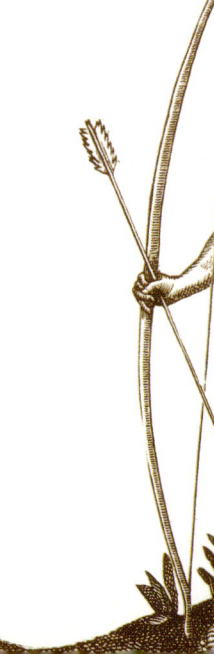

DIE ERSTEN KÄMPFE

C. Smith bindeth a salvage to his arme fighteth with the King of Pamaunkee and all his company, and slew 3 of them.

Die Zahl der weißen Siedler ist inzwischen in die Tausende gewachsen, sie sind gut bewaffnet und entschlossen, die „Wilden zur Vernunft zu bringen". Von nun an ist im Kampf gegen die Indianer alles erlaubt. Man greift Unterhändler an, verteilt vergifteten Alkohol, ermordet Frauen und Kinder.

Völlig ausgeblutet unterzeichnet die Konföderation 1646 einen Vertrag, in dem sie einen Teil ihres Territoriums aufgibt. Die überlebenden Indianer erhalten die Erlaubnis, sich in *Reservaten* am Rande der Kolonie aufzuhalten, wo sie unter strengster Kontrolle stehen.

Neuengland und Virginia werden mit Schwert und Blut kolonisiert.

Zwei mächtige Algonkin-Stämme, die Narraganset und die Wampanoag, teilen sich das Gebiet, in dem die Puritaner landen. Massasoit, der Anführer der Wampanoag, schließt mit den Engländern einen Vertrag, der den Frieden ermöglichen soll. Die Puritaner sehen in diesem Bündnis aber eher einen Wink Gottes, die besetzten Gebiete noch auszudehnen, als ein Gesetz zur Erhaltung des Friedens.

Von Anfang an wehrt sich der Anführer der Konföderation, Wohunsonacock, gegen die Versuche der Engländer, ihn zu einem Vasallen der englischen Krone zu machen. Er verweigert die Annahme der Geschenke und der Kupferkrone, die König Karl I. ihm schickt, und beansprucht gegenüber den Siedlern seine ganze Souveränität. Das diplomatische Geschick des Häuptlings wird an einer Inszenierung im Jahr 1608 deutlich, als John Smith mit einer Schlinge um den Hals vor den Indianer geschleppt wird. Der Gouverneur erwartet, umgebracht zu werden, zumal man sogar einen Scheiterhaufen entzündet, als die zwölfjährige Tochter des Häuptlings, Pocahontas, um Gnade für ihn bittet. Das Mädchen heiratet Smith und dient als Diplomatin zwischen Siedlern und Indianern, liefert aber auch ihrem Vater wertvolle Informationen über die Kolonie.

Zunächst versuchen sie, die schwächeren Gruppen wie die Massachuset auszurotten. 1630 dringen sie in deren Land ein. Zur großen Freude der Puritaner fallen fast alle Massachuset einer Pockenepidemie zum Opfer.

Im Lauf der Jahre nimmt der Kampf um Land an Härte zu. Es kommt immer häufiger zu Zusammenstößen zwischen den englischen Besetzern und den Indianern. Die Ermordung eines Hauptmanns (1636) löst schließlich den sogenannten Pequot-Krieg aus. Die Pequot-Indianer werden gnadenlos niedergeworfen, da sie die Auslieferung der Mörder an die Engländer verweigern. Die Puritaner unternehmen blutige Strafexpeditionen. So werden 1637 etliche hundert Bewohner eines großen Pequot-Dorfes am Mystic River schonungslos niedergemetzelt. William Bradford sagt später über dieses Massaker: „Es war ein schreckliches Schauspiel, mitanzusehen, wie die Indianer im Feuer verbrannten, wie das Blut ununterbrochen floß."

Die Narraganset ereilt einige Jahre später das gleiche Schicksal, da sie es ablehnen, sich und ihr Land der Souveränität Karls I. von England zu unterstellen. Nur zum Algonkin-*Stamm* der Wampanoag unterhalten die Siedler noch gute Beziehungen, die sich aber rapide verschlechtern. Die Puritaner verwehren Wamsutta, dem Sohn Massasoits, das Recht, Land an andere Siedler zu verkaufen. Wamsutta stirbt auf mysteriöse Weise, nachdem ihn die englischen Machthaber zu sich nach Plymouth gerufen haben.

Metacomet, Wamsuttas Bruder und Nachfolger Massasoits, weigert sich, in der Hauptstadt eine Erklärung abzugeben. Da er den Engländern mißtraut

Die Krieger fertigen ihre Bogen aus dem biegsamen und widerstandsfähigen Holz der Esche. Die Pfeile tragen das Zeichen ihres Besitzers und sind am Ende mit Fischgräten oder Horn versehen. Damit trifft ein Krieger sein Ziel über eine Entfernung von über 50 m.

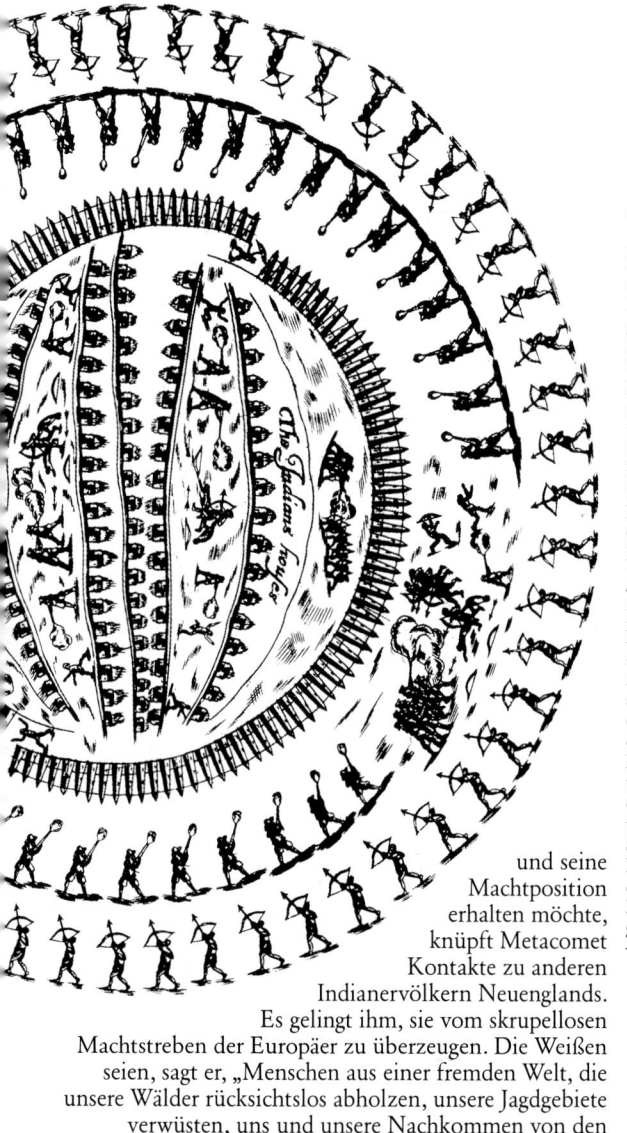

Der englische Kapitän John Underhill beschreibt 1637 ein Massaker in einem Pequot-Dorf, zu dem es 1636 gekommen war. Die Männer um Kapitän Mason und Krieger der Narraganset kreisten die Pequot ein und töteten sie. Dabei kamen 800 Menschen ums Leben, das Dorf wurde in Brand gesteckt. Das Drama bleibt im Gedächtnis der Indianer haften, und Anfang des 18. Jahrhunderts greift Tecumseh, der Häuptling der Shawnee, die Bluttat wieder auf, um die Indianer gegen die Amerikaner zu mobilisieren: „Wo sind heute die Pequot? Wo sind die Narraganset, die Mohawk, die Pakanoket und all die anderen einst mächtigen Völker und Stämme? Wie der Schnee der sommerlichen Sonne sind sie der Gier des weißen Mannes zum Opfer gefallen."

und seine Machtposition erhalten möchte, knüpft Metacomet Kontakte zu anderen Indianervölkern Neuenglands. Es gelingt ihm, sie vom skrupellosen Machtstreben der Europäer zu überzeugen. Die Weißen seien, sagt er, „Menschen aus einer fremden Welt, die unsere Wälder rücksichtslos abholzen, unsere Jagdgebiete verwüsten, uns und unsere Nachkommen von den Gräbern unserer Ahnen vertreiben und unsere Frauen und Kinder versklaven." 1675 steht Metacomet an der Spitze

38 MIT PULVER UND FEUER...

von etwa 100 zu allem entschlossenen Kriegern. „König Philipp", wie ihn die Engländer ironisch nennen, führt den bedeutendsten Indianeraufstand gegen die Puritaner an. Angesichts dieser Bedrohung schließen sich die englischen Kolonien zusammen und bitten die Mohikaner und Mohawk um Unterstützung gegen die Algonkin, ihre traditionellen Feinde.

Die Kämpfe dauern mehrere Monate. Im August 1676 wird das Heer „König Philipps" vernichtend geschlagen. Die Puritaner spießen den Kopf des Kriegers, den sie eine „schmutzige Bestie" nennen, mitten in Plymouth auf einen Pfahl und stellen ihn zur Schau. Der Krieg „König Philipps" hat 600 Engländer und über 4 000 Indianer das Leben gekostet, die Niederwerfung der Aufständischen einige 100 000 Pfund Sterling verschlungen.

Um in den Besitz der in Europa so begehrten Pelze zu gelangen, liefern die Holländer Gewehre an die Irokesen, die kriegerischste aller indianischen Konföderationen.

Die Franzosen lassen sich an den Ufern des Sankt-Lorenz-Stroms bei den Lagerplätzen der Huronen nieder. Diese sind seßhafte Feldbauern, die in einer Konföderation

Die Karikatur (links) zeigt „König Philipp" mit Gewehr. In der zweiten Hälfte des 17. Jahrhunderts können die Indianer durch den Pelzhandel Gewehre erwerben. Die neue Waffe verändert ihre Kampftaktik: Der Nahkampf Mann gegen Mann wird durch den Kugelwechsel aus der Distanz ersetzt. Im Nahkampf fürchten die Indianer das Bajonett. Der Gebrauch von Gewehren erklärt auch die hohen Verluste auf beiden Seiten im Verlauf des Aufstands von „König Philipp".

Im Lager der Huronen (rechts) sieht man die Verwendung eines Dampfkessels. Die Indianer übernehmen sehr rasch europäische Waren, um ihre eigenen Bedürfnisse zu befriedigen. Sie stellen aus einem rohen Stück Eisen Messerklingen, Ahlen oder Schrot für ihre Gewehre her. Zwischen 1660 und 1670 lernen sie, das Eisen zu formen und Gewehre zu reparieren. 1676 entdecken die Engländer in einem Lager am Connecticut River zwei indianische Schmiedewerkstätten und einen Vorrat an Blei, aus dem Gewehrkugeln hergestellt werden.

WAFFEN FÜR DIE IROKESEN 39

die Völcker Huron genant. Fig: 11.

HVRONS.

von vier Stämmen organisiert sind. Ihre Dörfer liegen an der Georgian Bay (Lake Huron) und am Lake Simcoe. Weiter im Süden halten sich die neutral gebliebenen indianischen Nationen auf, zu denen die Huronen gutnachbarliche Beziehungen pflegen.

Obwohl sich die Lebensweise von Huronen und Irokesen ähnelt und sie derselben Sprachfamilie angehören, befinden sich die beiden Völker fast ständig miteinander im Krieg. Die Irokesen sind die von den Weißen gefürchtete Vereinigung der „Fünf Nationen" (Mohawk, Oneida, Onondaga, Cayuga, Seneca). Sie verließen das Gebiet des Sankt-Lorenz-Stroms im Lauf des 16. Jahrhunderts, auf der Flucht vor Krankheiten, die von Europäern eingeschleppt wurden. Südlich des großen Stroms und des Lake Ontario finden sie wieder zusammen.

Die Huronen begreifen schnell, daß ein Bündnis mit den Franzosen nur von Vorteil sein kann. Vor allem könnte sich die Unterstützung der Fremden im Falle irokesischer Angriffe als wertvoll erweisen. Außerdem versprechen sich die Huronen als Zwischenhändler im Pelzgeschäft – Algonkin auf der einen, Franzosen auf der anderen Seite – solide Gewinne. So überqueren seit 1625 jedes Frühjahr die Kanus der Huronen den Lake Nipissin und fahren den Ottawa und den Sankt-Lorenz-Strom hinab. Auf diese Weise stapeln sich jährlich 10 000 bis 12 000 Felle in den Lagerhäusern von Québec.

Wie die Huronen bei den Franzosen nehmen auch die Irokesen eine Schlüsselposition zwischen den Algonkin und den Holländern ein, die sie geschickt ausnutzen. Sie beschließen, ihre möglichen Konkurrenten, die Mohikaner, auszuschalten und die Algonkin daran zu hindern, sich auf ihr Territorium vorzuwagen. Deshalb empfehlen sie sich den Holländern als Zwischenhändler und sorgen dafür, daß diese nur noch von ihnen Pelze kaufen. Als Gegenleistung erhalten sie Munition und Waffen. Mit Hilfe der holländischen Gewehre entwickeln sich die Irokesen (insbesondere die Mohawk) innerhalb weniger Jahre zum gefürchtetsten Stamm im Osten Nordamerikas.

Um der wachsenden Bedrohung durch die Irokesen begegnen zu können, bemühen sich Algonkin und Huronen um die Unterstützung der Franzosen... und um deren Feuerwaffen. Doch diese zögern, ihre Verbündeten zu bewaffnen, und teilen nur vereinzelt Gewehre aus. Auf Ratschlag der Jesuiten gesteht man nur den getauften Huronen Waffen zu. Denn in den 40er Jahren des 17. Jahr-

Massaker an den Huronen durch die Irokesen. Pater Joseph-François Lafitau stellt fest, daß „der Krieg für die Irokesen eine notwendige Übung" sei.

hunderts hat sich die Konföderation der Huronen in Traditionalisten und Bekehrte aufgespalten und ist dadurch geschwächt. Letztere sind nur auf die Vorteile einer Allianz mit den Franzosen bedacht. Sie sind es auch, die den Irokesen am feindseligsten gegenüberstehen und im Krieg am entschlossensten handeln. Die Traditionalisten neigen eher dazu, mit ihren feindlichen Brüdern Frieden zu schließen. So mutig die Krieger der Huronen auch sein mögen, ihr mangelndes Zusammengehörigkeitsgefühl wird sie teuer zu stehen kommen.

Der Krieg ist eine „Arznei gegen den Tod": Gefangene werden in die Gemeinschaft aufgenommen und füllen so die Lücke, die durch den Tod eigener Krieger entsteht.

Der Pelzkrieg endet mit der totalen Ausrottung verschiedener indianischer Kulturen.

Die sogenannten Irokesen-Kriege beginnen um 1630, als die Mohawk die Algonkin aus Ottawa angreifen. Zehn Jahre später starten die Mohawk eine Offensive gegen die Franzosen am Sankt-Lorenz-Strom und die mit ihnen verbündeten Abnaki. In der Zwischenzeit macht die Irokesen-Konföderation mobil. Sie hat von Holländern und Engländern Feuerwaffen erhalten.

Ihr Ziel ist es, die Macht der Huronen zu brechen, um das ganze Pelzhandelsgeschäft im Nordosten unter ihre Kontrolle zu bringen. Damit würden die Franzosen gezwungen, ebenfalls mit ihnen Pelzhandel zu treiben. Die Taktik der Irokesen ist einfach: Ein Klima von Furcht und Schrecken soll die Handelsroute unterbrechen. Um das zu erreichen, legen sich die Irokesen an den Flußufern auf die Lauer, zerstören die vorbeifahrenden Kanus, töten deren Insassen und nehmen Franzosen als Geiseln, um eine bessere Verhandlungsbasis zu erzwingen. Die Streifzüge dehnen sich vom Atlantik bis zu den Großen Seen

Die meisten nordamerikanischen Indianer kennen die Praxis des Skalpierens möglicherweise schon vor der Ankunft der Europäer. Es gibt Hinweise darauf schon aus der präkolumbischen Zeit. Die Forschungsreisenden stoßen hie und da auf „Skalptrophäen". Durch den Skalp gelangt der Krieger in den Besitz der Kraft seiner Feinde. Nur wenige Skalpierte überleben ihre Verletzung. Dennoch kennt man allein aus dem 19. Jahrhundert etwa 40 Weiße mit dieser schrecklichen Narbe.

Grand Chef de Guerriers Iroquois

Guerrier Iroquois.

DIE AUSROTTUNG DER HURONEN 43

aus. Ein Huronen-Dorf nach dem anderen fällt den Angriffen zum Opfer. Die Ernten werden zerstört, Frauen und Kinder gefangengenommen, die Krieger zu Tode gequält. In wenigen Jahren ist die Nation der Huronen vernichtend geschlagen. Die Überlebenden finden in Québec Zuflucht oder fliehen in weiter westlich gelegene Gebiete. Im Winter 1649/50 dringen die Irokesen ins Zentrum von Ontario ein und bedrohen die neutralen Stämme. Dann greifen sie die Erie-Indianer an, die die fliehenden Huronen aufgenommen haben. Die Erie sind zu ihrem Unglück die Herren des an Bibern reichen Ohiotales. Trotz ihrer verzweifelten Gegenwehr werden sie 1650 vollständig ausgerottet.

Das Machtstreben der Irokesen und ihr unbedingter Wille, das Monopol über den Pelz-

Dämonen, die geradewegs aus der Hölle kommen." Das ist der Ausdruck eines französischen Missionars für den Eindruck, den die kämpfende Irokesen vermitteln. In der Schlacht zu sterben, ist für einen Irokesen das Schlimmste, was ihm widerfahren kann. Denn damit ist er aus dem „Totendorf" ausgeschlossen und auf die Rache eines anderen angewiesen, die ihm erst ermöglicht, seine Ahnen wiederzufinden.

Guerrier de Nootka.

44 MIT PULVER UND FEUER...

BEFESTIGTE INDIANERDÖRFER 45

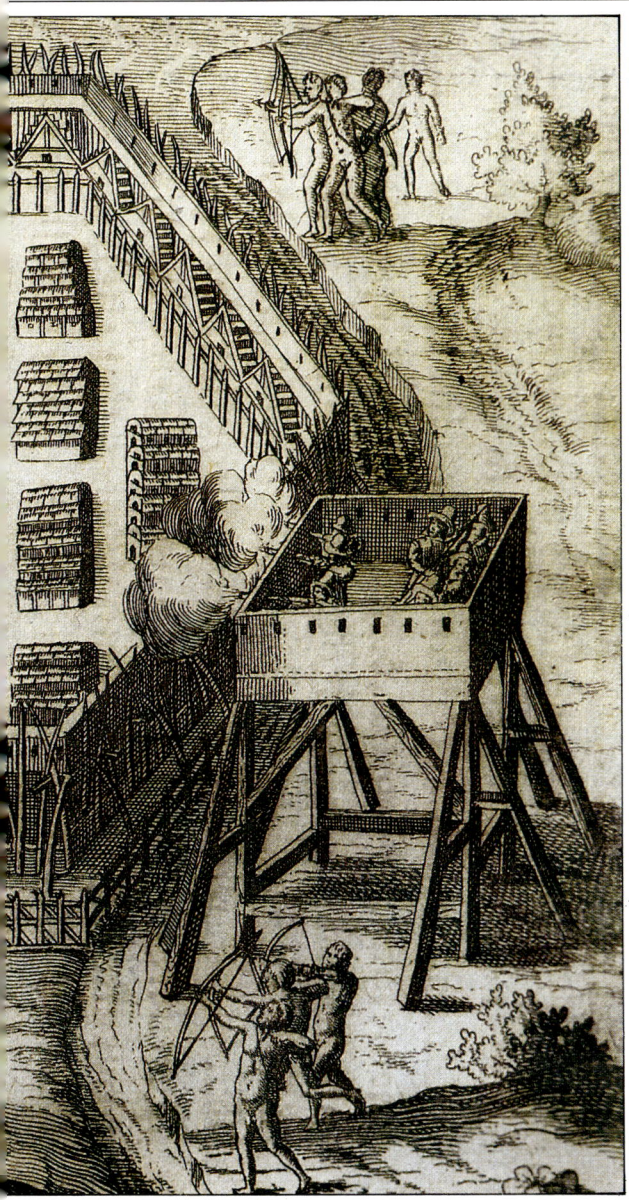

Die Indianer verstehen sich auf die Kunst des Befestigungsbaus, wie dieses Irokesen-Dorf beweist. Die mit Holzspitzen bewehrten Palisaden bieten perfekten Schutz vor einem Angreifer ohne Feuerwaffen. Der Krieg mit den Europäern zwingt die Indianer, ihr Verteidigungssystem zu verändern. Sie lassen sich dabei von den Praktiken ihrer Gegner leiten. So verzichten sie auf die Palisaden zugunsten schwerer, mit Erde bedeckter Baumstämme.
In den Jahren 1609/1610 ergreift Champlain Partei für die Huronen und unterstützt sie gegen die Irokesen. Diese Entscheidung soll die französische Politik für ein Jahrhundert festlegen. In einer Position der Schwäche sind die Europäer nicht immer in der Lage, sich ihren Bündnispartner auszusuchen. Fast über das gesamte 17. Jahrhundert hinweg behalten die Indianer ihre rituellen Kriegspraktiken bei. Sie sind weniger darauf aus, ihren Gegner zu töten, als ihn in ihren Verband zu integrieren. Um 1670 beobachtet Paul Lejeune: „In diesen Dörfern gibt es mehr Fremde als Irokesen."

handel zu erringen, sind noch keine hinlängliche Erklärung für die Härte und Dauer (über 50 Jahre) der Kriegführung. Neben rein wirtschaftlichen Faktoren sind auch kulturelle Beweggründe entscheidend.

Einer davon ist die ‚Blutrache', die Verwandte und Freunde des Opfers auf den Plan ruft. Dadurch entstehen immer wieder neue Feindseligkeiten, zumal die jungen Krieger jede Gelegenheit nutzen, ihre Tapferkeit unter Beweis zu stellen.

Darüber hinaus ist das mangelnde Verständnis der Europäer für die indianische Lebensweise mit eine Ursache für den vierten Irokesen-Krieg, in dem sich zehn Jahre lang – 1657 bis 1667 – Indianer und Franzosen gegenüberstehen.

Alles nimmt mit der Ermordung dreier Franzosen durch Oneida-Indianer seinen Anfang. Als Vergeltungsmaßnahme ordnet der Gouverneur von Neufrankreich an, alle Irokesen gefangenzunehmen, die man auf dem Gebiet der Kolonie antrifft. Dabei werden auch ein Dutzend Onondaga und Mohawk eingesperrt, die mit den Morden nichts zu tun haben. Die Anführer ihrer Stämme fordern deshalb die Freilassung der Unschuldigen. Die französischen Machthaber lehnen jedoch ab, und nur wenige Wochen später bricht Krieg aus.

Die Franzosen werden vom Angriff der Irokesen überrumpelt, denn Neufrankreich ist nur schwach besiedelt und verfügt auch nicht über ein stehendes Heer. Im Verlauf der Kolonisation haben sich die Siedler hier und dort verstreut niedergelassen. Die isolierten Farmen sind einem indianischen Angriff schutzlos ausgeliefert. Québec und Montreal sind so gut wie nicht befestigt und werden nur von etwa zehn Männern verteidigt. Die natürliche Umgebung, die weiten, ausgedehnten Wälder und tiefen Flüsse verschaffen dem Angreifer eine noch günstigere Ausgangsposition.

Die Irokesen betreiben gerne eine Art psychologischer Kriegführung, indem sie öffentliche Hinrichtungen vornehmen, deren Opfer nicht selten Franzosen sind. Die Gefangenen erleiden schlimmste Qualen, und man läßt das den Feind auch wissen. Ein Zeitgenosse sagt über die Irokesen: „Er schleicht sich an wie ein Fuchs, kämpft wie ein Wolf und macht sich davon wie ein Vogel."

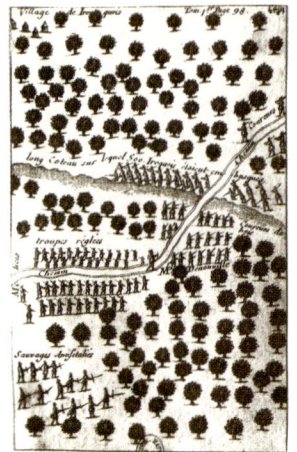

Die Darstellung (oben) zeigt eine „europäische Aufstellung" im Krieg. In Wirklichkeit kämpfen die Indianer Mann gegen Mann.

Nachdem er mehrere Jahre in Kanada gelebt hat, schreibt Baron La Hontat gegen 1690: „Sie zahlen weder Salz noch Steuern, sie jagen und fischen ohne Einschränkungen. Mit einem Wort: Sie sind frei!"

LUDWIG XIV. SCHICKT UNTERSTÜTZUNG 47

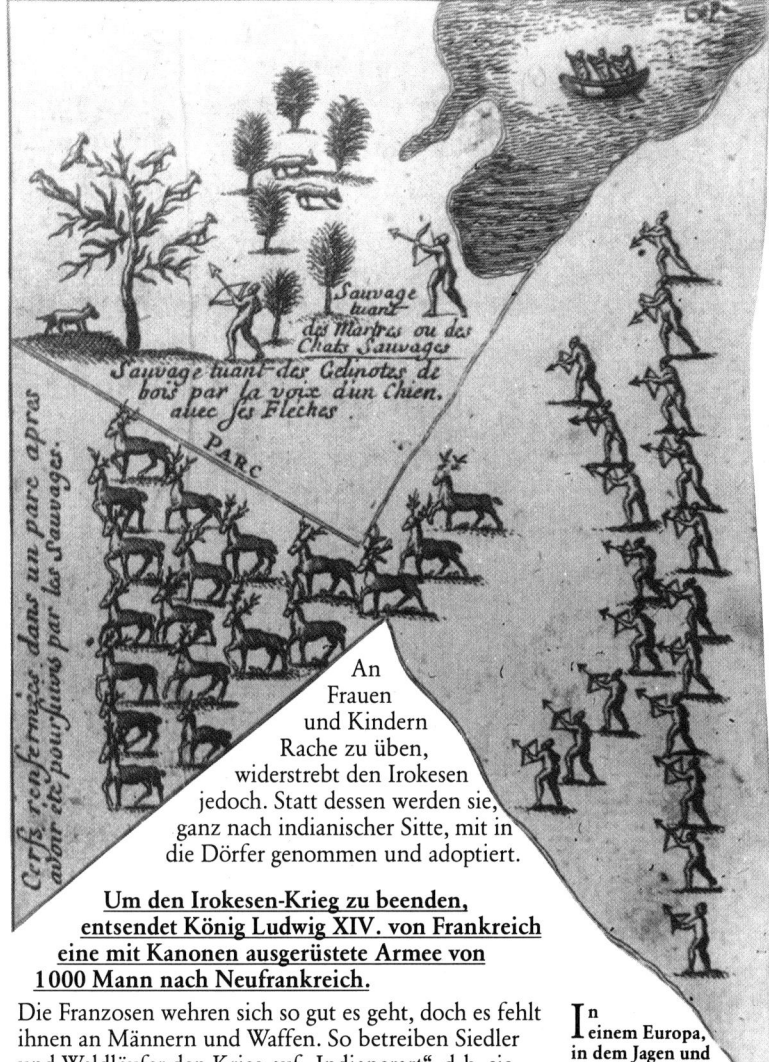

Sauvage tuant des Martres ou des Chats Sauvages

Sauvage tuant des Cednotes de bois par la voix d'un Chien, auec ses Fleches.

PARC

Cerfs renfermées dans un parc apres avoir ete poursuivis par les Sauvages.

An Frauen und Kindern Rache zu üben, widerstrebt den Irokesen jedoch. Statt dessen werden sie, ganz nach indianischer Sitte, mit in die Dörfer genommen und adoptiert.

Um den Irokesen-Krieg zu beenden, entsendet König Ludwig XIV. von Frankreich eine mit Kanonen ausgerüstete Armee von 1000 Mann nach Neufrankreich.

Die Franzosen wehren sich so gut es geht, doch es fehlt ihnen an Männern und Waffen. So betreiben Siedler und Waldläufer den Krieg auf „Indianerart", d.h. sie legen Hinterhalte und sind im Umgang mit ihren Gefangenen ebenso unbarmherzig wie ihre Angreifer. Aber ihre Kampfkraft ist mit der einer gut ausgerüsteten Truppe nicht zu vergleichen. Deshalb richten die Gou-

In einem Europa, in dem Jagen und Fischfang Privilegien des Adels sind, überrascht die diesbezügliche Freiheit der Indianer.

MIT PULVER UND FEUER...

verneure Neufrankreichs immer wieder Hilferufe an die französische Krone.

1665 schickt Ludwig XIV. das Regiment von Carignan-Salières: 1000 Mann mit Kanonen. Gleich nach seiner Ankunft marschieren die Soldaten ins Irokesen-Land, verbrennen Dörfer, vernichten die Ernten und nehmen Frauen und Alte gefangen. Schon bald wird die Situation für die Irokesen unhaltbar, da sie einen Mehrfrontenkrieg führen müssen. Neben ihrem Guerillakrieg gegen die Erie kämpfen sie auch gegen die Susquehannock, die von den Engländern in Maryland unterstützt werden. Daher entsendet die Konföderation der Irokesen im Jahr 1667 Unterhändler nach Québec, wo sie mit den Franzosen einen Friedensvertrag aushandeln.

Da es den Irokesen gelungen ist, ihre indianischen Konkurrenten im Pelzhandel auszuschalten, kämpfen sie nun allein gegen Engländer und Franzosen, die beiden europäischen Mächte, die hoffen, den nordamerikanischen Kontinent unter sich aufteilen zu können. Nach nur einem halben Jahrhundert liegt die indianische Welt im Nordosten Amerikas in Trümmern. Die Mehrzahl der Stämme ist entweder durch Epidemien oder Kriege vernichtet worden. Indianische Sitten und Glaubensvorstellungen haben unter europäischem Einfluß grundlegende Änderungen erfahren. Der Zerfallsprozeß der indianischen Gesellschaft scheint schon jetzt unumkehrbar.

Beim Anblick des Felsvorsprungs, der über den Sankt-Lorenz-Strom hinausragt, sollen die Seeleute Jacques Cartiers ausgerufen haben: „Quel bec!" (Welch ein Schnabel). Andere wiederum berichten, daß die Franzosen diesen Ort mit dem indianischen Wort „kenebec" bezeichneten, was „Verengung" bedeutet. Ein großes irokesisches Dorf, Stadaconé, steht hier über dem Fluß. Zwischen 1610 und 1620 läßt Champlain an der Stelle ein „böses kleines Fort", wie es von Zeitgenossen genannt wird, bauen. Die Oberstadt des daraus entstehenden Québec wird zum Sitz des französischen Gouverneurs und des Bischofs, in der Unterstadt etablieren sich Händler und Kaufleute. Dort mischen sich auch Algonkin, Huronen und Irokesen unter Matrosen und Soldaten. Die Indianer kommen nach Québec, um dort Pelze, Handwerkswaren und Wild zu verkaufen – und nicht zuletzt aus Neugier auf diese andere Welt.

Die Soldaten müssen in Kanada ein ebenso genügsames Leben führen wie die Siedler. Ihre Märsche durch das unberührte Land sind äußerst beschwerlich.

DER ANFANG VOM ENDE 49

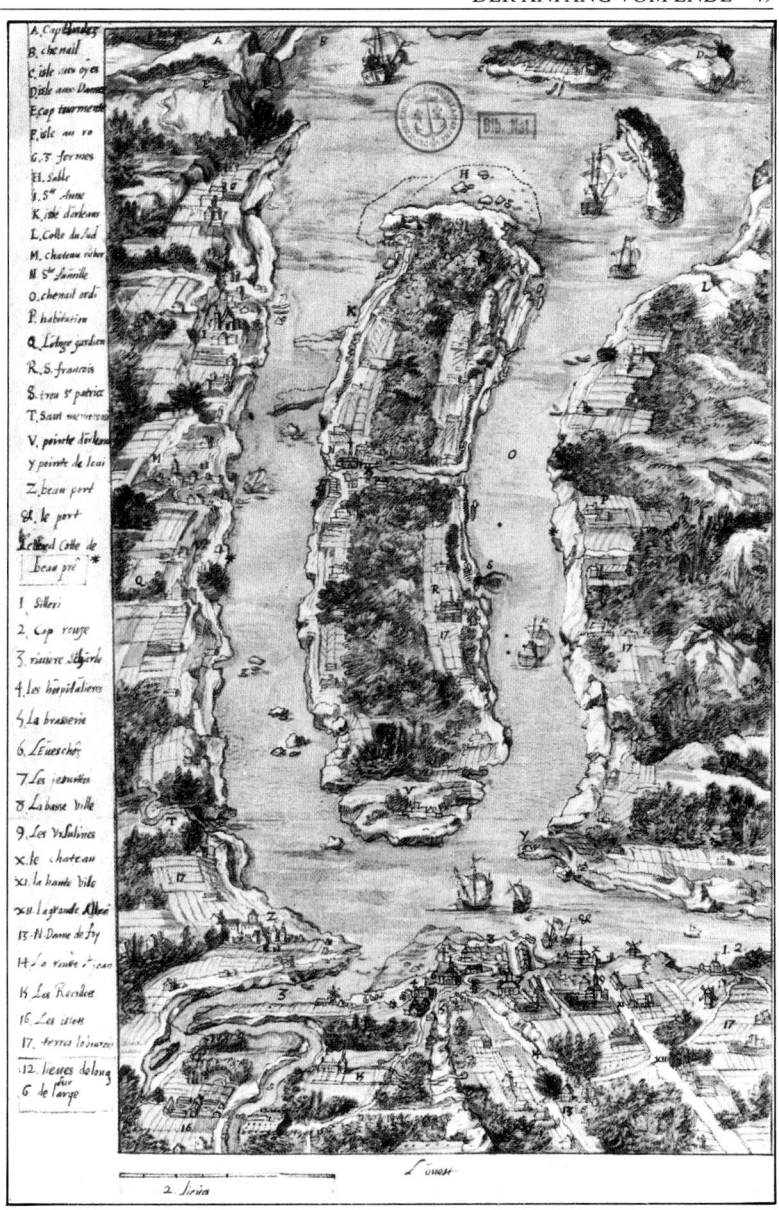

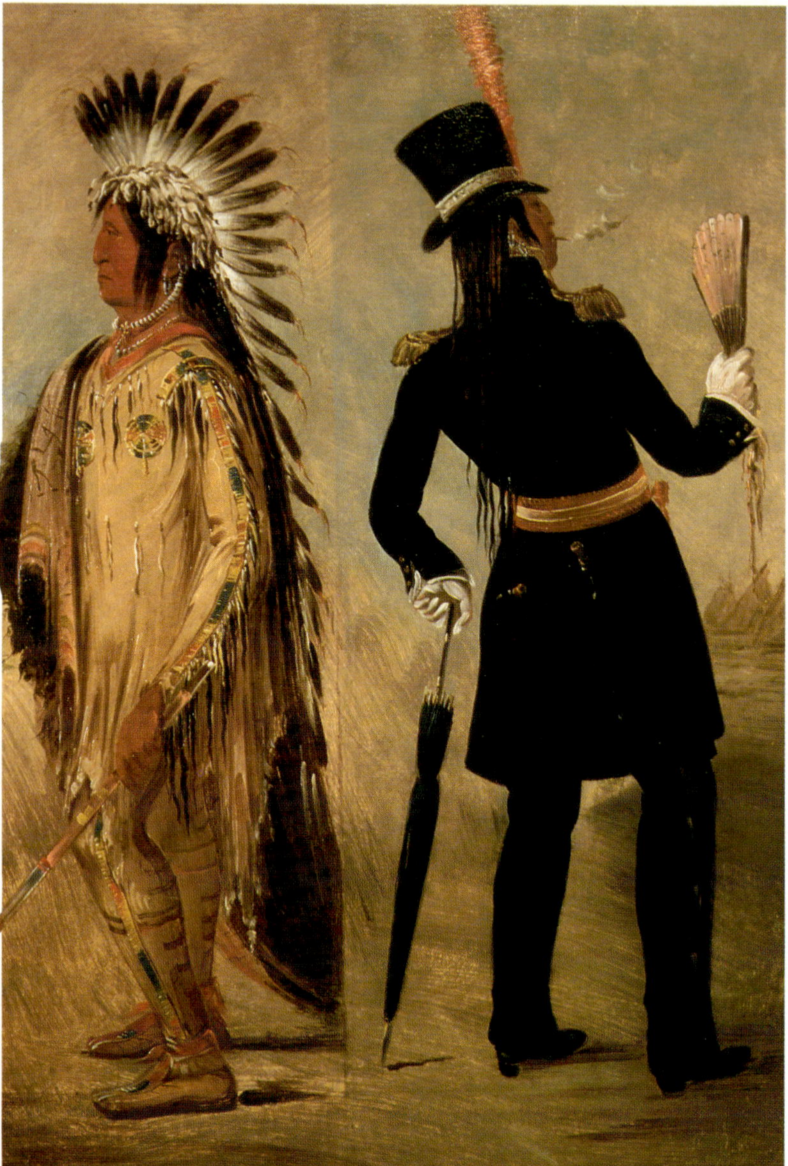

DRITTES KAPITEL
DER KULTURSCHOCK

Kochkessel, Beile, Ahlen und Messer verdanken die Indianer vor allem dem Biber… Gegen sein Fell tauschen sie die „Segnungen der Zivilisation" ein, was sich als fatal erweisen soll, leiten sie doch den Untergang der indianischen Kulturen ein. Aber woher sollten die Indianer auch wissen, daß sie ihr eigenes Todesurteil unterzeichneten, als sie sich auf den Handel mit den Europäern einließen?

Im Jahr 1831 unternimmt der Anführer der Assiniboin, Wi-jun-jun, eine Reise nach Washington, um die Wunder der Welt der Weißen kennenzulernen. Er kehrt in Stiefeln mit hohen Absätzen nach Hause zurück, „wie ein aufrecht gehendes Schwein". Der Maler George Catlin verewigt die Unterschiede in Haltung und Kleidung Wi-jun-juns vor und nach der Reise.

Als die Europäer mit den indianischen Kulturen der Ostküste in Berührung kommen, staunen sie über die Fähigkeit sowohl der Jäger als auch der Feldbauern, aus ihrer natürlichen Umgebung Nutzen zu ziehen. Jedes Volk produziert alles, was es zur Befriedigung seiner Grundbedürfnisse braucht. Darüber hinaus werden Tauschgüter für den Handel mit benachbarten indianischen Stämmen hergestellt. Der Handel findet in einem zeremoniellen Rahmen statt. Riten und wirtschaftliche Interessen sind nicht voneinander zu trennen.

Lange vor den Europäern selbst, schon im 18. Jahrhundert, erreichen ihre Waren das Zentrum Nordamerikas. In den kleinsten Dörfern tauscht man Metallklingen, Kochtöpfe oder eine Handvoll Glasperlen gegen Mais und Biberfelle.

Geschenke, Ansprachen und Festlichkeiten begleiten das eigentliche Geschäft.

Nur die Huronen, die Irokesen sowie die Indianer der Nordwestküste lassen es zu, daß sich einzelne Personen am Handel bereichern, doch nur unter der Bedingung, daß dadurch keine zu großen gesellschaftlichen Unterschiede entstehen (wie es bei den Nordwestküsten-Indianern im Verlauf der Kontakte mit den Weißen der Fall ist) und das Prinzip des *Potlatch*, der Wiederverteilung der Güter, erhalten bleibt.

Indem die Europäer ihr eigenes Handelssystem etablieren, zerstören sie die alte sozio-ökonomische Struktur. Die Einführung der neuen Handelswaren verändert die Lebensweise der Indianer grundlegend.

Eines der Produkte, die die Weißen importieren, beeindruckt die Indianer ganz besonders: das Eisen.

Champlain stellt 1608 fest, daß die Küstenstämme bereits Eisen benutzen. Es beginnt in der Gegend der Großen Seen das Kupfer bei der Herstellung von Pfeilspitzen, Messerklingen und Nadeln abzulösen. Sowohl für handwerkliche Zwecke als auch in der Landwirtschaft sind Eisenwerkzeuge besser als die traditionell aus Holz, Horn, Knochen und Stein gefertigten Arbeitsgeräte. Das Metall wird zu einem wichtigen Zahlungsmittel bei Tauschgeschäften, und auch der kleinste Span findet noch seine Verwendung.

Im häuslichen Leben macht sich der europäische Einfluß ebenfalls bemerkbar. Metallnadeln, Ahlen und Schabeisen erleichtern die Bearbeitung von Fellen. Eisenkessel ersetzen nach und nach Keramik und Korbwaren. Man zieht farbenfrohe Stoffe der Fell- und Lederkleidung vor, auch wenn sie weniger gut vor Kälte schützen. Spiegel, Schellen und Glasperlen finden bei den Frauen begeisterte Aufnahme. Lediglich der Mokassin widersteht dem Einfluß europäischer Mode. Doch Strümpfe werden übernommen – als Tabakbeutel.

> Jedes Volk entwickelt ganz eigene handwerkliche Fertigkeiten. Daher existiert schon immer ein lebendiger Handel.

Der Kontakt mit den Weißen macht sich sogar im Kunsthandwerk bemerkbar. Neue Materialien und neue Farben tauchen auf, und neue Motive wie Kreuze werden als Ornamente verwendet. Der weiße Mann, an Bart, Hut oder Gewehr zu erkennen, wird auf Kampfszenen, bei Vertragsabschlüssen oder Handelsgeschäften abgebildet. Die Malerei auf Büffelhaut, die die mündliche Überlieferung ergänzen oder als Gedächtnisstütze dienen soll, erzählt die Geschichte der Eroberung durch die Weißen. Die Darstellungen berichten vom Untergang des traditionellen Weltbildes und der Ankunft der „Zivilisation".

Der Pelzhandel ist Anlaß für tragische Stammesfehden.

Die Micmac an der Ostküste leben ursprünglich vom Fischfang und tauschen nur hin und wieder Otterfelle mit ihren Nachbarn. Um die steigende Nachfrage zu befriedigen, werden sie Jäger und Händler, was zugleich ihre Lebensweise und Ernährungsgewohnheiten verändert. Die Völker geraten in völlige Abhängigkeit von den Europäern.

PELZE GEGEN KORN

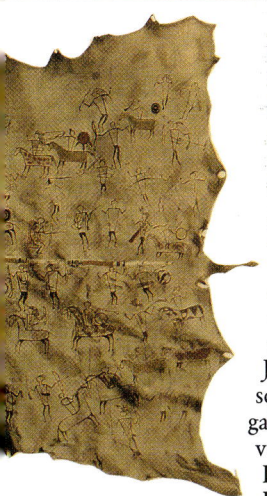

Bei Gartenbauern wie den Huronen und Irokesen gehen die Männer nur gelegentlich auf die Jagd. Die Frauen haben die Aufgabe, die Felle zu bearbeiten und die Felder zu bestellen. Innerhalb kurzer Zeit sehen sich die Frauen gezwungen, außerordentlich viele Felle für den Handel herzurichten und gleichzeitig noch vermehrt der Feldarbeit nachzugehen. Denn die Männer benötigen nun auch mehr Getreide, das sie bei anderen Jägervölkern gegen Felle eintauschen. Da die Frauen diese Aufgaben nicht alle bewältigen können, vernachlässigen sie den Ackerbau. Damit werden die Familien vom Pelzhandel abhängig – nun auch, um die eigene Ernährung sicherzustellen. Durch den Pelzhandel entsteht ein weiteres Problem, das sich Indianern bis dahin so nicht gestellt hat: das der

Die Indianer kennen zwar keine Schrift, aber die Piktographie. Man zeichnet auf Bison- oder Hirschleder, aber auch auf Birkenrinde. So haben z. B. die Ojibwa sogenannte „scrolls", Rindenrollen, auf denen sie Lieder, Gebete, Berichte von Kriegen oder die Geschichte des Klans aufzeichnen. Die „scrolls" sind so etwas wie das Gedächtnis des Stammes und werden sorgfältig aufbewahrt.

Eine Gruppe von Crow-Indianern verlegt das Camp in südlichere, wärmere Regionen.

Territorien. Natürlich existierte bei den Bauernkulturen ein mehr oder minder begrenzter Familienbesitz, doch war die Jagd überall frei. Die Biberjagd ändert den Stand der Dinge grundlegend. Denn um die Nachfrage zu befriedigen, muß man ständig neue Biberbauten suchen. Damit beginnen die Familien, sich die Reviere streitig zu machen. Es kommt zu heftigen Rivalitäten, die manchmal auch gewaltsam ausgetragen werden.

Mit Hilfe einiger indianischer Dolmetscher treten die Trapper in Kontakt mit den Häuptlingen verschiedener Indianergruppen und verpflichten diese, immer an derselben Stelle zu erscheinen, um den Tauschhandel vorzunehmen. So schränken sie die Jagdzüge der Indianer ein, was die einzelnen Gruppen zur Einrichtung eigener Jagdreviere veranlaßt, die für fremde Jäger verbotenes Gebiet sind. Je schlechter die Tauschbedingungen sind, desto heftiger werden die Kämpfe. Die Trapper zahlen immer weniger und fordern stets mehr. Jede Familie, jedes Individuum bemüht sich darum, von den Weißen bevorzugt behandelt zu werden. Verrat, Mord und Prostitution werden zur Regel. Das ungewöhnlich hohe Maß an Gleichheit, das innerhalb der indianischen Gemeinwesen ohne Privatbesitz herrschte, ist damit ebenfalls zerstört.

Die Frage des Landbesitzes, der ewige Streitpunkt zwischen Indianern und Weißen, wird gewaltsam gelöst.

Mit Ausnahme von William Penn und seinen Quäkern, einer ungewöhnlich stark auf soziale Gleichheit bedachten Religionsgemeinschaft, weigern sich die Weißen, Indianer als Landeigentümer anzuerkennen. Zudem unterhalten die Quäker als einzige Siedler gleichberechtigte Beziehungen zu den Indianern.

Die anderen Europäer kommen als habgierige Eroberer in die Neue Welt. Die „Vorsehung" schenkt ihnen freies Land, das nur von einigen Wilden durchstreift wird, die keine Landwirtschaft kennen. Deshalb ist es für die Weißen ganz selbstverständlich, Gebiete in Besitz zu nehmen nach dem Prinzip, das Land gehöre dem, der es bearbeitet. Diese Argumentation ist den Indianern völlig fremd. Sie können nicht verstehen, wie man Bäume, Flüsse, Strände oder Seen kaufen kann. Doch in Wirklichkeit sprechen die Siedler nur selten vom Landkauf. Schließlich ist dieses Land ja ungenutzt. Und sagt die

V erträge werden lange diskutiert. Nach der mündlichen Einigung wird der Vertragstext niedergeschrieben und übersetzt. Erst dann hängen die Indianer ihr Klanzeichen an den Vertrag.

„LANDBESITZ" 57

EATY with the INDIANS, made 1681 with
, and never broken. The foundation of
d Civil Liberty, in the U.S. of AMERICA.

Bibel nicht: „Gott hat sie hierhergeführt, auf daß ihnen das Land gehöre"?

Die europäischen Regierungen betreiben eine Politik der „Geschenke" – die alles andere als selbstlos ist.

Das Verhalten der Siedler bringt die Machthaber in den großen Städten in Verlegenheit. Gewiß, sie sind an einer Nutzung des Landes interessiert. Doch gleichzeitig er-

Die Irokesen bringen zu den Vertragsverhandlungen Wampuns, mit Perlenmuster bestickte Gürtel, mit. Jedes Muster hat seine eigene Bedeutung. Der Wampun-Träger lernt den Vertragstext auswendig, um ihn seinem Volk vorzutragen.

kennen sie die indianischen Nationen als unabhängige Mächte an. Die Unterhaltung der Kolonien erfordert große Ausgaben – für militärische und zivile Zwecke –, verspricht aber auch ein Höchstmaß an Profit. Um Nahrungsmittel, Pelze, Land und auch Frieden möglichst günstig zu bekommen, muß man mit den existierenden Gegebenheiten äußerst behutsam umgehen. Zu diesem Zweck bietet man den Indianern bei den Zusammenkünften mehr Geschenke an. Glasperlen, Eisenwaren, Alkohol und Waffen werden nun nicht mehr nur den Häuptlingen, sondern auch den Kriegern überreicht – vor militärischen Aktionen, bei Handelstreffen oder ganz einfach anläßlich eines Besuchs. Besonders geschätzt sind Medaillen, auf denen der Kopf des französischen oder des englischen Königs abgebildet ist.

Der Gouverneur wacht darüber, daß jährlich ein Teil des Budgets für Geschenke an die Indianer verwendet wird. Das ist der Preis, den man zahlen muß, will man nicht riskieren, daß das Bündnis zerbricht.

Diese „Politik der Geschenke" führt ebenfalls zu beträchtlichen Störungen im sozialen Gefüge der indianischen Gemeinschaften: Die „guten" Indianer, mit anderen Worten solche, die auf der Seite der Weißen kämpfen, werden belohnt. So machen die Europäer gefügige Indianer zu Häuptlingen und greifen damit in die innere Organisation der indianischen Gemeinwesen ein.

Der Handel zwischen den Indianern ist genau festgelegt. Diesem Handelsritus müssen sich auch die weißen Händler unterziehen. Familienbande herzustellen, Freundschaften einzugehen, Großzügigkeit, aber auch Mut zu beweisen, ermöglichen erst den Erfolg. Das Palaver, die Geschenke, das Herumreichen des Kalumets und das bedeutungsvolle Schweigen spielen eine ebenso wichtige Rolle wie die Handelsware selbst. „Geschenke trocknen die Tränen, besänftigen den Zorn, öffnen die Tore zu fremden Ländern und machen selbst Tote wieder lebendig", sagt ein Trapper Ende des 18. Jahrhunderts.

Mehr noch als solche Gunstbeweise verlangen die Indianer Respekt und Achtung.

Otreuti, ein Anführer der Onondaga, faßt die Forderung der Indianer gegenüber den Franzosen in Worte: „Wir sind frei geboren. Wir sind weder von Ononthio (dem französischen Gouverneur) noch von Corlaer (Gouverneur von Neu-Amsterdam) abhängig. Wir können gehen, wohin wir wollen, und uns nehmen, was wir wünschen. Wir nehmen keine Befehle entgegen, außer von unserem Volk."

Die großen Konföderationen wie die Huronen, die Irokesen oder später auch die Sioux pochen auf ihre Unabhängigkeit und sind nicht bereit, sich den Weißen unterzuordnen.

Zwischen Weißen und Indianern entwickelt sich ein komplexes politisches System. Eines der Kernstücke stellt darin das Fort dar. Als Symbol für die militärische Stärke der Europäer hat es die Aufgabe, den Feind zu beeindrucken, den Verbündeten Vertrauen einzuflößen und Siedlern und Trappern Schutz zu bieten. Für die Indianer ist daran nichts Neues: Die Bodenbauern des Nordostens hatten schon vor der Ankunft der Europäer ihre Dörfer mit Palisaden umgeben. Im Vergleich dazu

Wenn sich die Möglichkeit bietet, tauschen die Indianer ihre Kleidung gegen europäische ein, obwohl diese weit weniger praktisch und widerstandsfähig ist, zumal die Indianer sie nie waschen. Farbenfrohe Umhänge verdrängen die Biberfelldecke, die bislang im Winter getragen wurde.

Ganz ähnlich wie die Irokesen im Nordosten, umgeben die Seminolen in Florida ihre Dörfer mit Palisaden aus Holz.

sind die Forts recht armselig. Im 17. und 18. Jahrhundert sind die Garnisonen der europäischen Mächte schlecht ausgerüstet und nur mangelhaft versorgt. Weiter im Westen weiß man von französischen Forts, wo die Soldaten Fellkleidung tragen, mit indianischen Frauen zusammenleben und sich vom Pelzhandel ernähren. Sie sind darauf angewiesen, mit den benachbarten Völkern Tauschhandel um Nahrungsmittel zu betreiben.

Manchmal entwickeln sich intimere Beziehungen zwischen Indianern und Weißen.

Die Indianer begnügen sich nicht mit rein militärischen und politischen Kontakten. Um die Freundschaft und die Handelsbeziehungen zu festigen, nehmen die Stämme allwinterlich junge Siedler im Alter von 12 bis 14 Jahren bei sich auf und machen sie mit ihrer Sprache und ihrem Brauchtum bekannt. Aus diesen jungen Leuten werden später oft Vermittler und Dolmetscher, die bei Verhandlungen von großer Bedeutung sind. Doch ihr Aufenthalt bei den Indianern führt häufig auch dazu, daß sie mit indianischen Frauen zusammenleben, was nicht alle Weißen gerne sehen. Mag Champlain bei seiner Ankunft auch ausrufen: „Aus den beiden Völkern soll ein einziges werden!", die Behörden tun alles, um das zu verhindern. Man befürchtet, daß die Weißen, die „mit den Wilden zusammenleben, selbst verwildern".

Die Kirche steht der Heirat eines Weißen mit einer Indianerin sehr ablehnend gegenüber. Sie sieht darin nur „ausschweifenden Lebensstil und Luxus". Daher fordert ein Irokese von einem Jesuiten: „Wenn Ihr unsere Seelen liebt, wie Ihr behauptet, dann liebt auch unsere Körper!" Allenfalls akzeptiert die Kirche die Heirat mit einer getauften Indianerin, die bereit ist, ihre Kinder im guten christlichen Glauben zu erziehen. Denn für die Europäer ist die indianische Kindeserziehung skandalös. Sie können die völlige Freizügigkeit, in der die Indianerkinder aufwachsen, nicht akzeptieren. Doch trotz der Verurteilung vor allem durch die Jesuiten, trotz der Mahnungen von seiten der Regierung breitet sich die „Pest der wilden Ehe" aus. Besonders die Franzosen scheinen von den Indianerinnen angezogen zu werden. Engländer und Holländer erliegen der Versuchung viel seltener. Die puritanische Moral läßt dies nicht zu...

Der Bericht von der indianischen Gefangenschaft Mary Rowlandsons, der 1632 veröffentlicht wird, hat enormen Erfolg. In der Folgezeit floriert dieser neue literarische Zweig: 311 solcher Berichte werden veröffentlicht.

A
NARRATIVE
OF THE
CAPTIVITY, SUFFERINGS AND REMOVES
OF
Mrs. *Mary Rowlandson*,

Who was taken Prisoner by the INDIANS with several others, and treated in the most barbarous and cruel Manner by those vile Savages: With many other remarkable Events during her TRAVELS.

Written by her own Hand, for her private Use, and now made public at the earnest Desire of some Friends, and for the Benefit of the afflicted.

BOSTON
Printed and Sold at JOHN BOYLE's Printing-Office, next Door to the *Three Doves* in Marlborough Street. 1773.

Diese Literatur stellt ein wichtiges ethnographisches Dokument dar, da sie Einblick ins Herz indianischen Lebens gewährt. Die Gefangenen werden von einer Familie adoptiert und leben fortan mit dieser zusammen. Gefangene Kinder zieht man mit viel Liebe auf, und sie werden schnell zu „echten" Indianern. So „verwildert", fliehen sie oft zu ihren indianischen Familien, nachdem sie wieder zurückgeholt worden sind.

WEISSE BEI DEN INDIANERN 61

Einige französische Trapper haben in den verschiedenen Dörfern mehrere Frauen. Als Führerin, Dolmetscherin und Ratgeberin trägt die Indianerin oft wesentlich zur Verbesserung der Beziehungen zwischen Stamm und Trappern bei. Zudem versteht sie es besser als sonst jemand, die Felle zu präparieren. Eine Indianerin ihrerseits kann durchaus von einem weißen Ehemann profitieren, steigern seine Geschenke doch ihr Ansehen in der Gruppe.

Obwohl Indianer solche Verbindungen eher akzeptieren als die Europäer, finden sie keinen besonderen Gefallen an der rosigen oder milchigen Hautfarbe weißer Frauen. Nicht zuletzt deshalb sind Heiraten zwischen weißen Frauen und indianischen Männern recht selten.

Dennoch leben zahlreiche europäische Frauen in den Indianerdörfern. Oft sind sie während eines Kriegszugs gefangengenommen worden und bleiben über mehrere Jahre in den Gruppen. Man behandelt sie gut, sie werden von allen respektiert und nehmen an der häuslichen Arbeit und am gesellschaftlichen Leben teil.

Die Behauptung eines Häuptlings der Delaware gegenüber Engländern im Jahr 1758 enthält viel Wahres: „Wir lieben Euch mehr, als Ihr uns liebt, denn wir behandeln einen Gefangenen wie unsere eigenen Kinder."

Manche Frauen wie die Engländerin Mary Jemison verbringen ihr ganzes Leben in der indianischen Familie, von der sie adoptiert worden sind.

„Sie besitzen weder Glauben noch Gesetz" ...
Welch ein Glücksfall für einen europäischen Christen,
dem Mission und Martyrium das Lebensziel sind.

Angehörige neuer Glaubensströmungen und vor allem Jesuiten begeben sich nach Neufrankreich, wohingegen die englischen und holländischen Einwanderer von Pastoren begleitet werden. Die Gründung der „Gesellschaft zur Verbreitung des Evangeliums" 1649 in Neuengland hat ein ganzes Programm zum Ziel. Schon wenige Jahre später übersetzt John Eliot die Bibel in die Sprache der Algonkin und läßt sie in Harvard drucken.

In Neufrankreich unternehmen die Jesuiten eine Evangelisierungskampagne sowohl bei den Algonkin als auch bei den Huronen und den Irokesen. Aufgrund der Briefe, die sie nach Hause schicken, erhalten sie umfangreiche Schenkungen, die sie zur Finanzierung ihrer Reisen, zum Bau von Kapellen, zum Kauf frommer Bilder und zur Erziehung junger Indianer in Québec oder Montreal einsetzen.

Gegen 1675 sind zur großen Genugtuung der politischen Mächte bereits über 4000 Indianer getauft. Die Regierungen fördern diese ideologische Offensive, die ihrem Plan, die „Wilden zu zivilisieren", nur nützlich sein kann.

Die Missionierung der Indianer birgt ihre Probleme.

Für die Christen ist ein Indianer entweder ein primitives Wesen, das von Sünde nichts weiß und damit noch formbar ist, oder er ist ein Wilder, der im Aberglauben befangen ist und den man, da er nahezu auf dem Niveau eines Tieres lebt, dringend erziehen muß. Die Missionare machen sich die eine oder andere dieser Vorstellungen zu eigen, je nachdem, auf welches Volk sie stoßen (Huronen und Irokesen gelten z.B. als nicht so wild wie ihre nördlichen Nachbarn). Anfangs stehen die Indianer einigermaßen verwirrt den „Schwarzkutten" gegenüber, die weder Händler noch Soldaten sind, aber von den Weißen geachtet werden. Gleichwohl akzeptieren die Indianer die Missionare in ihren Dörfern, wo ihr Verhalten ebensosehr Aufmerksamkeit wie Furcht erregt.

Die erste Indianerin, die heiliggesprochen wird, heißt Tekakouita. Während des Irokesen-Kriegs nimmt sie die christliche Religion an und erlegt sich Selbstkasteiungen auf, die von den Indianern nur belacht werden. 1676 wird sie getauft und stirbt 1680 im Alter von 24 Jahren. Ihre Reliquien werden bis heute verehrt.

Jean de Brebeuf und Gabriel Lallement sind zwei Jesuiten, die im Jahr 1649 das Martyrium durch die Irokesen erleiden.

INDIANER UND SCHWARZKUTTEN 63

P. Joan. de Brebeuf, und P. Gabriel Lallemant S. J. beyde Frantzosen nemmen nach unerhört-grausamen Sengen und Brennen/ Schinden/ Schneiden/ Zerfleischung und Stümmlung aller Glider einen glorreichen Marter-Tod den 16. und 17. May. 1649.

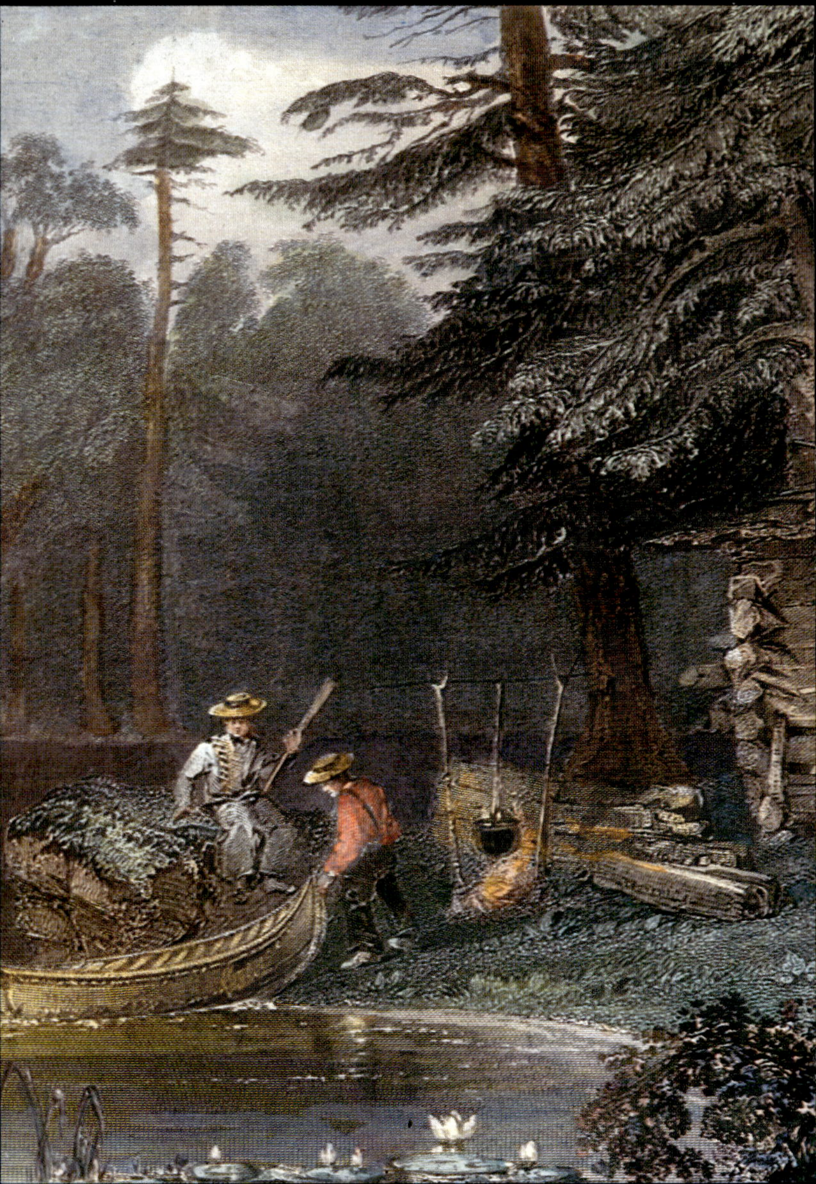

Der Ruf der Wälder.

Der Trapper ist eine der legendären Figuren des amerikanischen Epos'. Bis in die 60er Jahre des 19. Jahrhunderts spielt der Pelzhandel eine gewichtige Rolle für die nordamerikanische Wirtschaft. Seit dem 17. Jahrhundert hat jede Kolonie ihre eigenen Pelzleute, die holländischen „Bushlopers", die englischen „trappers" und die französischen „coureurs de bois" (Waldläufer). Lange Zeit ist der Biberpelz das wichtigste Zahlungsmittel für die Kolonisten, da die Nachfrage in Europa ungebrochen ist. In Neufrankreich entwickelt sich sogar ein eigener Berufsstand von Jägern und Fallenstellern. Die Waldläufer arbeiten stets in Gruppen. Sie beladen ihre Rindenkanus in den Siedlungen der Weißen mit Handelsware, die sie im Indianerland dann gegen Pelze eintauschen. Seit dem 17. Jahrhundert wagen sie sich immer weiter nach Westen, fahren die Küste der Großen Seen entlang und den Mississippi hinunter. Als erste Weiße erreichen sie ein Meer aus Gras: die Prärie.

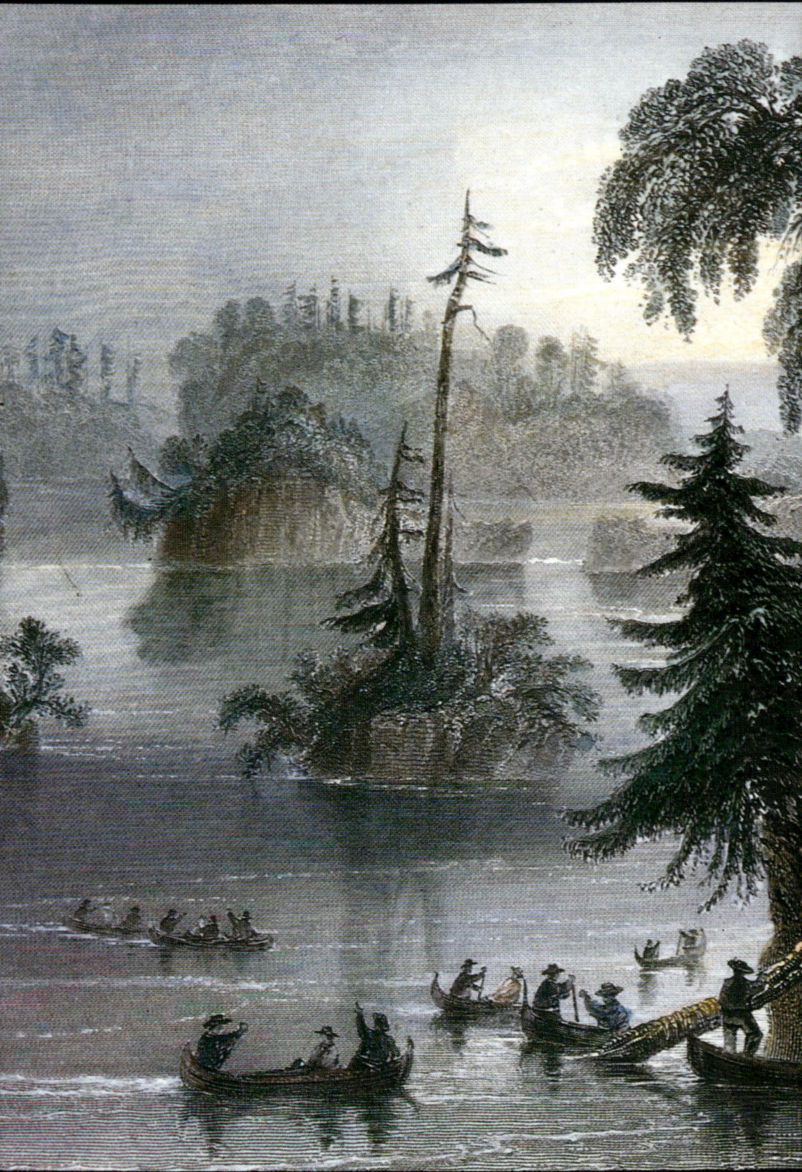

Die „verwilderten" Weißen.

Auf den Wasserwegen erreicht man die weiter westlich lebenden Stämme. Bei ihnen finden sich die schönsten Felle. Bei gutem Wetter fahren die „coureurs de bois" flußaufwärts mit Booten voller Glasperlen, Kesseln, Gewehren und kleinen Rumfäßchen. Sie ziehen von Dorf zu Dorf und verbringen auch den Winter in einer Indianersiedlung. Oft finden sie eine indianische Lebensgefährtin und nehmen damit am Familienleben der Indianer teil. Solche ehelichen Verbindungen zahlen sich aus, stärken sie doch die Beziehungen zum Klan. Der „coureur de bois" genießt den Schutz seiner Verwandten und bekommt ihre Felle angeboten. Durch das häufige Zusammensein mit Indianern nimmt er nach und nach indianische Verhaltensweisen an: Er tätowiert sich, übernimmt Sitten und Bräuche der Indianer. Die Zuwendung seiner Familie und die Herzlichkeit der Aufnahme bei den Indianern veranlassen mehr als einen Waldläufer zu bleiben und seinen Lebensabend in einem Tipi zu verbringen.

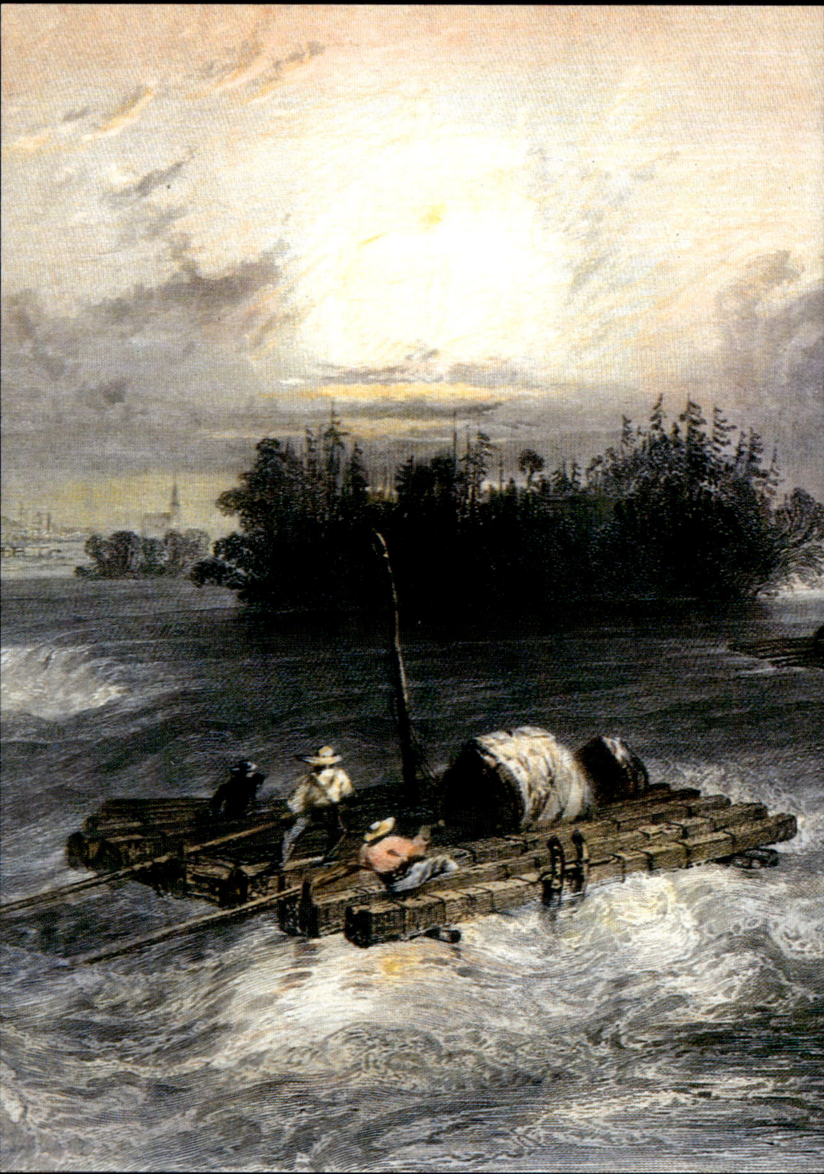

Die Männer der Berge.

Schwere Flöße auf dem Missouri. Von St. Louis aus geht es zu den Treffpunkten, wo man schon von den „mountain men", den Trappern aus den Rocky Mountains, erwartet wird. Diese Männer haben lange Monate in den Rockies verbracht, in den Flußläufen und Seen Fallen gestellt und Schlingen gelegt. Biber, Füchse, Luchse, Bären und sogar Bisons werden von den etwa 1 000 bis 2 000 Weißen gejagt. Etwa ein Viertel der Jäger sind kanadische Franzosen oder Mestizen. Monatelang ist der Trapper gezwungen, Einsamkeit, Hunger, Kälte und die Bedrohung durch die Indianer auszuhalten. Im Frühjahr kommt er herab in die Ebene, um seine Felle an die großen Pelzhandelsgesellschaften zu verkaufen. Er hofft darauf, eines Tages reich genug zu sein, um sich in St. Louis niederlassen zu können. Oder er verläßt die Berge, müde vom harten Pelzgeschäft, und stellt sich in den Dienst der Armee. Viele solche Trapper, wie z. B. Kid Carson, bringen es wegen ihrer Fähigkeit, Spuren zu lesen, zu erheblichem Ansehen.

Die Missionare bemühen sich, die Vorstellungen des Christentums zu erklären. Mit Darstellungen von Himmel und Hölle begeistern sie die Indianer, faszinieren sie mit Heiligenbildchen. Um ihre Ziele zu erreichen, scheuen die Gottesmänner keine List. So verbrennen sie Alkohol, heilen scheinbar die Kranken, sagen Sonnen- und Mondfinsternisse vorher, benutzen das „Papier, das spricht" (die Schrift), den Spiegel und den Kompaß.

Doch viele Begriffe bleiben den Indianern unverständlich. Das sind vor allem die Erbsünde und die Sünde, die in ihrer Religion keine Entsprechung finden. Die meisten Indianer lassen sich nur taufen, um den Missionaren eine Freude zu bereiten, oder weil sie hoffen, dadurch in den Besitz der Macht der Weißen zu gelangen.

Bald schon tritt der Missionar in Konkurrenz zum Schamanen, der Schlüsselfigur der indianischen Gesellschaft, der gleichzeitig Zauberer und Medizinmann ist. Die Mönche brandmarken ihn als ein „Werkzeug des Teufels", als Scharlatan, der vorgibt, die Zukunft vorhersagen und Kranke heilen zu können. Auf der anderen Seite versucht der Schamane seinerseits, aus Furcht, seinen Einfluß zu verlieren, den Missionar lächerlich zu machen. Er hetzt die Indianer gegen ihn auf, indem er ihn für jedes Unglück verantwortlich macht, das den Stamm ereilt. Einige Missionare werden aufgrund dieser Anschuldigungen umgebracht.

Da die Indianer Träumen und ihrer Deutung die größte Bedeutung beimessen, können sie es nicht ertragen, daß die Missionare dieses Orakel verdammen und lächerlich machen. Sie haben auch kein Verständnis für die Verurteilung ihrer sexuellen Sitten. Die Freizügigkeit der jungen Mädchen, die uneuropäische Art und Weise von Heirat und Scheidung und die Homosexualität werden von den Missionaren als Zeichen des satanischen Einflusses und der Sünde verdammt.

Da es für die Indianer unvorstellbar ist, daß die Seele im Fegefeuer oder in der Hölle ewige Qualen leidet, lassen sich viele, auch wenn sie getauft sind, nach indianischem Brauch bestatten, weil sie es doch vorziehen, ins Land ihrer Ahnen zurückzukehren, als sich der ewigen Verdammnis auszusetzen.

Eine der furchtbarsten Auswirkungen des Kontaktes mit den Weißen ist die Ausbreitung der von ihnen eingeschleppten Epidemien.

Man hat erst sehr spät die Tragweite des biologischen Schocks begriffen, dem die Völker der Neuen Welt ausgesetzt sind, da sie nicht gegen Pocken, Masern und Cholera resistent sind. Diese Infektionskrankheiten bedeuten bis ins 19. Jahrhundert eine Katastrophe ohnegleichen. Eingeschleppt von Seeleuten und Forschern, verbreitet von Trappern und Militärs, löschen die Epidemien ganze Völker aus. Besonders Kinder und Alte sind von den Krankheiten betroffen, aber auch Erwachsene fallen ihnen in Massen zum Opfer. Wenige Monate genügen, um die Welt der Indianer in ihren Grundfesten zu erschüttern.

Man darf sich nicht von dem prachtvollen Schmuck des Minnetaree-Häuptlings Pehriska-Ruhpa täuschen lassen: Nur seine Großzügigkeit und sein Mut zählen... Er kann jederzeit ersetzt werden. Niemand ist verpflichtet, ihm in den Krieg zu folgen oder eine unliebsame Entscheidung mitzutragen.

Weil die Indianer nicht ahnen, was Alkohol anrichten kann, lassen sie sich zu den berauschenden Getränken verführen, die ihnen zu Visionen verhelfen.

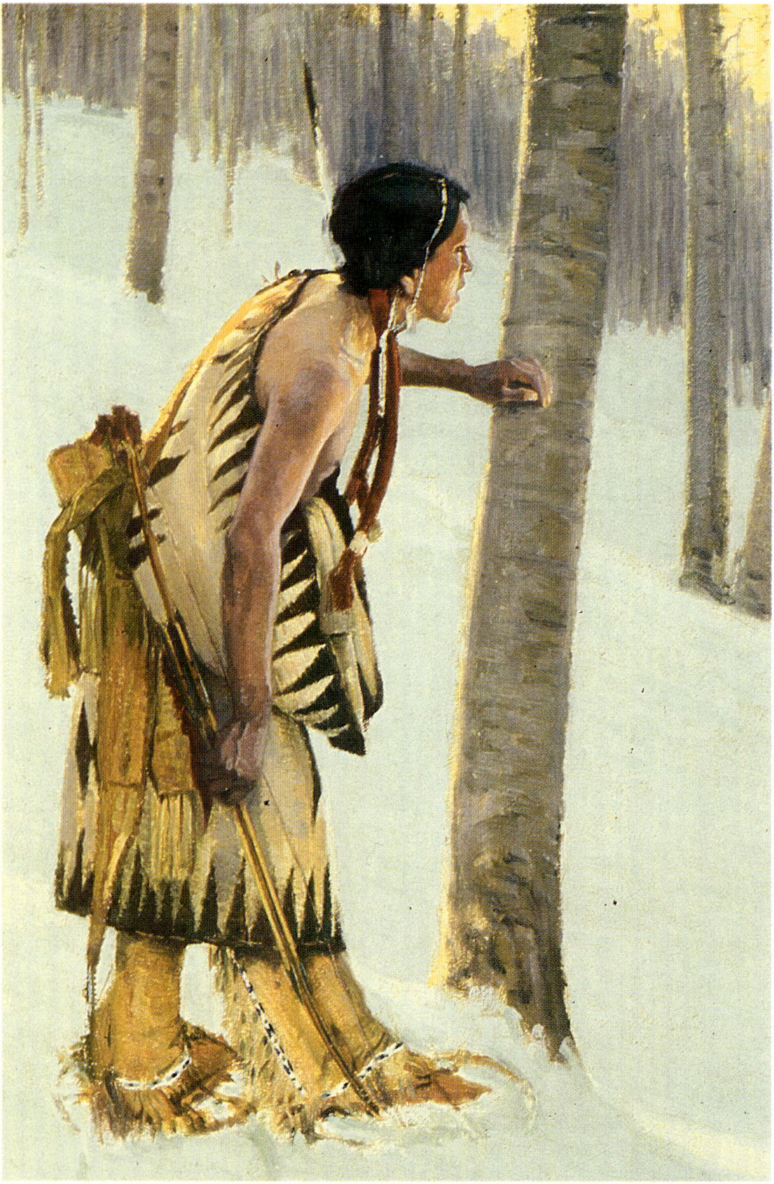

Viertes Kapitel
DER WEG DER TRÄNEN

Gegen Ende des 18. Jahrhunderts bereitet sich die indianische Welt auf ein langsames Sterben vor. Im Nordosten des Landes ist die Mehrzahl der kleineren Stämme schon von der politischen Bühne verdrängt. Die Auseinandersetzung um die Vormachtstellung auf dem nordamerikanischen Kontinent spielt sich nun zwischen Engländern und Franzosen ab. Ihr Konflikt verwandelt die Kolonien in ein blutiges Schlachtfeld.

„Sollen wir kampflos zusehen, wie unser Volk vernichtet wird, sollen wir das Land verlassen, das uns der Große Geist gegeben hat, die Gräber unserer Toten und alles, was uns heilig ist? Niemals! Niemals!"
Tecumseh, Häuptling der Shawnee

Die Rivalität zwischen Engländern und Franzosen wächst mit der Entwicklung ihrer Kolonien. Die Franzosen dehnen ihre Gebiete ständig aus. Forscher, Abenteurer und Pelzhändler bahnen den Untertanen Ludwigs XIV. den Weg in den Westen. Waldläufer und Missionare ziehen durch die Gegenden um die Großen Seen, das Mississippital und die Uferregionen der Hudsonbai. Überall werden Forts errichtet und Bündnisse geschlossen, bis an die „Grenze der Zivilisation".

Entlang der Atlantikküste nehmen die britischen Kolonien stetig weitere Einwanderer auf. Zu den Engländern kommen bald auch Iren, Schotten und Deutsche. Sie alle fliehen aus einem übervölkerten Europa, in der Hoffnung auf ein Land, das von den Anwerbern in der Heimat in den schillerndsten Farben dargestellt wird.

Im 18. Jahrhundert drängen die neuen Siedler weiter nach Westen: Das beste Land ist noch immer in den Händen der „Wilden".

Die Einwanderer sind zutiefst verwirrt über die Politik der britischen Krone. Der König weiß, daß er im Krieg gegen die Franzosen auf die Indianer angewiesen ist. Daher behandelt er diese Verbündeten zuvorkommend – zum Ärger der Siedler. Angesichts der französischen Expansion macht sich in den englischen Kolonien zunehmend Sorge breit.
Im Jahr 1735 greifen Creek, Choctaw und Cherokee Dörfer in Carolina an. Ihre Bewohner vermuten dahinter den Einfluß der Franzosen aus Louisiana. Doch auch die französische Indianerpolitik ist nicht stets erfolgreich.
1730 erheben sich die Natchez am Unterlauf des Mississippi sowie die Fox und die Sioux im Umland der Großen Seen. Ein Angriff folgt auf den anderen, und 1732 wird eine Forschungsexpedition, die von einem der Söhne des französischen Gouverneurs La Vérendrye angeführt wird, bis auf den letzten Mann niedergemacht.

Am 27. Juli 1777 töten Irokesen, die die englische Armee unter General John Burgoyne begleiten, in der Nähe von New York Jane McCreh, eine junge weiße Frau. Die dadurch ausgelöste Empörung übertrifft diesen grundlosen Mord noch bei weitem. Amerikanische Patrioten schlachten ihn in einem Propagandafeldzug gegen die Engländer aus. Die Indianer erweisen sich so manches Mal als schwierige Verbündete, da sie auf eigene Faust Vergeltungszüge unternehmen oder auf Plünderung ausziehen.

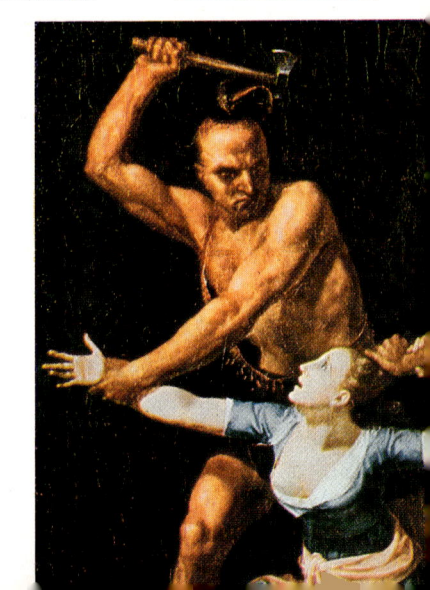

KRIEGE UND SCHARMÜTZEL

1748 geben die Engländer durch ihre Versuche, das Ohiotal zu besiedeln, neuen Anlaß zu Feindseligkeiten.
Angeführt von französischen Offizieren oder Waldläufern antworten die Abnaki, Miami und Illinois mit Angriffen auf einsam gelegene Häuser und töten deren Bewohner. Auch die englischen Militärposten müssen indianischen Angriffen standhalten. Das Grenzgebiet (die vorgeschobensten Posten europäischer Siedler) wird zu einem extrem gefährlichen Landstrich. Aus den vereinzelten Überfällen entwickelt sich 1756 ein vernichtender Krieg. Der „French and Indian War" verwüstet den ganzen Osten. 50000 englische Soldaten eilen den Kolonisten zu Hilfe, während die Franzosen alle ihre indianischen Verbündeten aus den westlichen Regionen mobilisieren.
Beide Seiten liefern sich einen erbarmungslosen Krieg, auf beiden Seiten kommt es zu äußerster Grausamkeit. Die Skalppreise steigen...

Im 17. Jahrhundert verwildern Pferde, die aus spanischen Dörfern geflohen sind. Die Comanche fangen sie ein, dressieren sie, züchten sie und verkaufen sie weiter. Ein Jahrhundert später kennen alle Stämme der Plains den Mustang. Er verdrängt das bis dahin einzige Haustier der Indianer, den Hund. Der indianische Name für das Pferd, „Heiliger Hund", weist auf die Bedeutung hin, die es im Leben der Indianer innehat. Sie verehren das Pferd geradezu, sein Auftauchen verursacht buchstäblich eine kulturelle Revolution: Der Individualismus wird noch ausgeprägter, man wird beweglicher und gewinnt Geschmack an Raubüberfällen.

Trotz der französischen Überlegenheit in den westlichen Gebieten fallen Québec und Montcalm vor dem Ansturm der Engländer. Durch den Vertrag von Paris von 1763 verliert Ludwig XV. einige „verschneite Berghänge", wie er es bezeichnet, d. h. alle Gebiete östlich des Mississippi, an die englische Krone. Das französische Königreich in Amerika hat aufgehört zu existieren.

<u>Die französische Niederlage versetzt dem indianischen Widerstand auf indirekte Weise einen entscheidenden Schlag.</u>

Durch das Ende der französisch-englischen Rivalität sehen sich die Indianer den Angriffen der Siedler schutzlos ausgesetzt. In der Folgezeit entwickeln diese in den 13 Kolonien eine wachsende Gier nach Landbesitz und verstehen es bestens, die Früchte des Kriegs zu ernten. Angesichts der drohenden Gefahr nehmen die ehemaligen Verbündeten Frankreichs in den westlichen Gebieten die Feindseligkeiten ihrerseits wieder auf.

Im Frühjahr fällt Pontiac, dem Anführer der Ottawa, in nur wenigen Wochen ein Fort nach dem anderen in die Hände. Doch kurz vor Detroit erleiden die Indianer eine entscheidende Niederlage. Um ihren Widerstand endgültig zu brechen, läßt der englische General Baron Geoffrey Amherst Pockenviren verbreiten und entsendet die Truppen Colonel Henry Bouquets, die berüchtigt für ihr gnadenloses Vorgehen gegen Indianer sind, ins Ohiotal.

Trotz seines Mißerfolgs versetzt der von Pontiac angeführte Kriegszug die Weißen in Unruhe. Die englische Krone beschließt, das weitere Vordringen der Siedler jenseits der Appalachen einzuschränken. 1763 verkündet die Regierung, daß die Gebiete westlich der Appalachen den indianischen Nationen gehören und sich niemand ohne ausdrückliche Genehmigung der Kolonialherren dort nie-

Im 18. Jahrhundert verbreitet sich der Almanach in Amerika immer mehr. Darin veranschaulichen naive Zeichnungen die großen Taten der „frontier men", der Grenzer. Unter dem Begriff Grenze verstehen die Amerikaner die Kontaktzone zwischen der Wildnis – der noch unberührten Natur, in der nur die Indianer leben – und der Zivilisation. Die Grenze ist das Reich der „blackwoodmen", von Abenteurern und Jägern, Indianertötern und Banditen ohne Glaube und Gesetz. Daniel Boone und Davy Crockett gehören zu dieser Sorte der „Tennessee Boys", die der jungen amerikanischen Nation den Weg in den Westen öffnen. Die Eroberungen Davy Crocketts sind Legende geworden, ebenso wie sein Tod 1830 in Fort Alamo im Krieg gegen die Mexikaner.

derlassen oder Handel treiben dürfe. Damit versucht der englische König gleichzeitig, die Interessen der Indianer zu wahren und den Expansionsdrang der Kolonisten zu hemmen. Doch die Siedler betrachten die westlichen Territorien als ihr Eigentum und sind nicht bereit, Vorschriften über ihre Rechte dort zu akzeptieren. Beim Abschluß des Vertrags von Fort Stanwix werden die Irokesen gezwungen, ihr Territorium am Ohio abzutreten.

Am Ende des „French and Indian War" versetzt der Aufstand Pontiacs die Siedler in Unruhe. Zum ersten Mal gelingt es einem Häuptling der „Wilden", die Indianervölker aufzuwiegeln. Dieser Zusammenschluß der Stämme nimmt den Krieg der Sioux (ein Jahrhundert später) vorweg. Die Revolte Pontiacs hat jedoch nur die Geschlossenheit der Siedler gegen die Indianer zur Folge.

Colonel Henry Bouquet, der den entscheidenden Sieg von Bushy Run gegen Pontiac erringt, nimmt auch an den folgenden Verhandlungen teil. Er verlangt von den Indianern enorme Zugeständnisse und überwacht persönlich die Auslieferung der weißen Gefangenen.

Die 13 Kolonien unterbrechen den Indianerkrieg nur während des Unabhängigkeitskriegs gegen England.

1775 ist der Abbruch der Beziehungen zwischen der englischen Regierung und den 13 Kolonien, die ihre Unabhängigkeit fordern, vollzogen. Der Unabhängigkeitskrieg beendet vorerst den Kampf gegen die Indianer, und die Irokesen werden plötzlich von beiden Seiten, der englischen Krone und den Kolonien, umworben. Zunächst fassen sie den Entschluß, sich neutral zu verhalten. 1776 kommt es jedoch darüber zu Unstimmigkeiten in der Liga.

Kaum sind die USA unabhängig geworden, breiten sie sich weiter nach Nordwesten aus, das Ohiotal hinauf. Doch in den Jahren 1790/91 erleiden die Amerikaner nur Niederlagen gegen die Indianer, deren Groll die Engländer auch weiterhin stetig schüren.

GEORGE WASHINGTON
PRESIDENT.
1792.

Eines Tages, nach einem prächtigen Festschmaus, ergreifen die Seneca, die von englischen Agenten betrunken gemacht wurden, die Partei des Königs, während die Oneida und Tuscarora sich einverstanden erklären, den Aufständischen, den künftigen US-Amerikanern, zu helfen. Die englischen Agenten hoffen darauf, auch die rund 10 000 Krieger der südöstlichen Stämme der Choctaw, Cherokee und Creek als Verbündete zu gewinnen. Die Cherokee gehen erfolglos gegen die Amerikaner vor und haben im Gefolge ihrer Niederlage massive Repressalien zu erleiden. Dadurch lassen sich ihre Nachbarn davon abhalten, sich ebenfalls in den Krieg einzumischen.

Im Frühjahr 1792 beschließt Präsident George Washington, eine Friedensbotschaft an die Indianer im Ohiotal zu schicken. Er gibt ihnen zu verstehen, daß die Amerikaner den Wunsch hegen, sie der Zivilisation zuzuführen und sie in der Bestellung der Äcker und in der Kindererziehung zu unterweisen.

INDIANER ERGREIFEN PARTEI 79

Die indianischen Nationen machen sich keine Illusionen über das Los, das ihnen die Sieger bereiten werden. 1783 erkennt der Vertrag von Versailles die Existenz der föderalistischen Republik der 13 Vereinigten Staaten von Amerika an.

<u>Die junge amerikanische Nation ignoriert nach dem Ende des Kriegs 1789 die Interessen der Indianer vollständig. Die Gier nach Land ist zu groß.</u>

Als im Lauf der Verhandlungen mit den verschiedenen Indianerstämmen die Frage der Gebiete westlich des Mississippi aufgeworfen wird, bezeichnet der Spanier Conde de Aranda das Land als Eigentum der „freien und unabhängigen" indianischen Nationen – die Amerikaner hätten kein Recht darauf. Die Antwort des amerikanischen Unterhändlers ist deutlich: „Gegenüber den Indianern bestehen wir auf einem Vorkaufsrecht, gegenüber den anderen Nationen beanspruchen wir die volle Souveränität über das Land."

Die Umsetzung in der Politik läßt nicht lange auf sich warten: 1784 werden die Irokesen gezwungen, einen Teil ihrer Gebiete abzutreten. Der Gouverneur verteilt die Ländereien im Ohiotal und südlich der Großen Seen an die Veteranen der Revolution. Um die Indianer dieser Regionen zur Ruhe zu zwingen, läßt sie General Wilkinson zusammenrufen. Er erklärt ihnen in einer sehr bildhaften Rede: „Die Krieger der Vereinigten Staaten sind ebenso zahlreich wie die Bäume des Waldes!"

Als Reaktion darauf schließen sich die Indianervölker der nordwestlich gelegenen Gebiete (Delaware, Ottawa, Potawatomi, Miami, Shawnee, Chippewa, Wyandot) unter der Führung von Blue Jacket zu einer großen Konföderation zusammen. Doch noch bevor die Indianer ihre neugewonnene Einheit ausspielen können, schlagen die Amerikaner zu: Bei Fallen Timbers fügt General Wayne 1784 den indianischen Verbänden eine vernichtende Niederlage zu.

Die im Anschluß daran erlassene Verordnung von 1787 könnte auf eine gerechtere Lösung der Landfrage hoffen lassen, da sie den Indianern das Recht auf Stammeseigentum zuspricht. Damit ist die indianische Gebietshoheit anerkannt, und die Stämme werden wie fremde Nationen behandelt. Gleichzeitig legt die Verordnung aber auch fest, daß sich die westlichen Regionen zu Territorien zusammenschließen können und damit die Möglichkeit

Am 2. August 1784 holt General Anthony Wayne zum entscheidenden Schlag gegen die „unvorsichtig, anmaßend und unverschämt gewordenen Wilden" aus.

DIE LANDGIER DER SIEDLER   81

haben, den Vereinigten Staaten als neues Bundesland beizutreten. Voraussetzung dafür ist allerdings eine Bevölkerungszahl von mindestens 60 000 Siedlern.

Das Selbstbewußtsein der Indianer steigt in dem Maß, in dem die Verachtung der Siedler wächst.

Die Kolonisten machen ein Stück Land nach dem anderen urbar, ohne sich im geringsten um ihre indianischen Nach-

Die Shawnee, Delaware und Huronen, angeführt von Blue Jacket und einer Handvoll Engländern, weichen in der Schlacht von Fallen Timbers, Ohio, vor den amerikanischen Bajonetten.

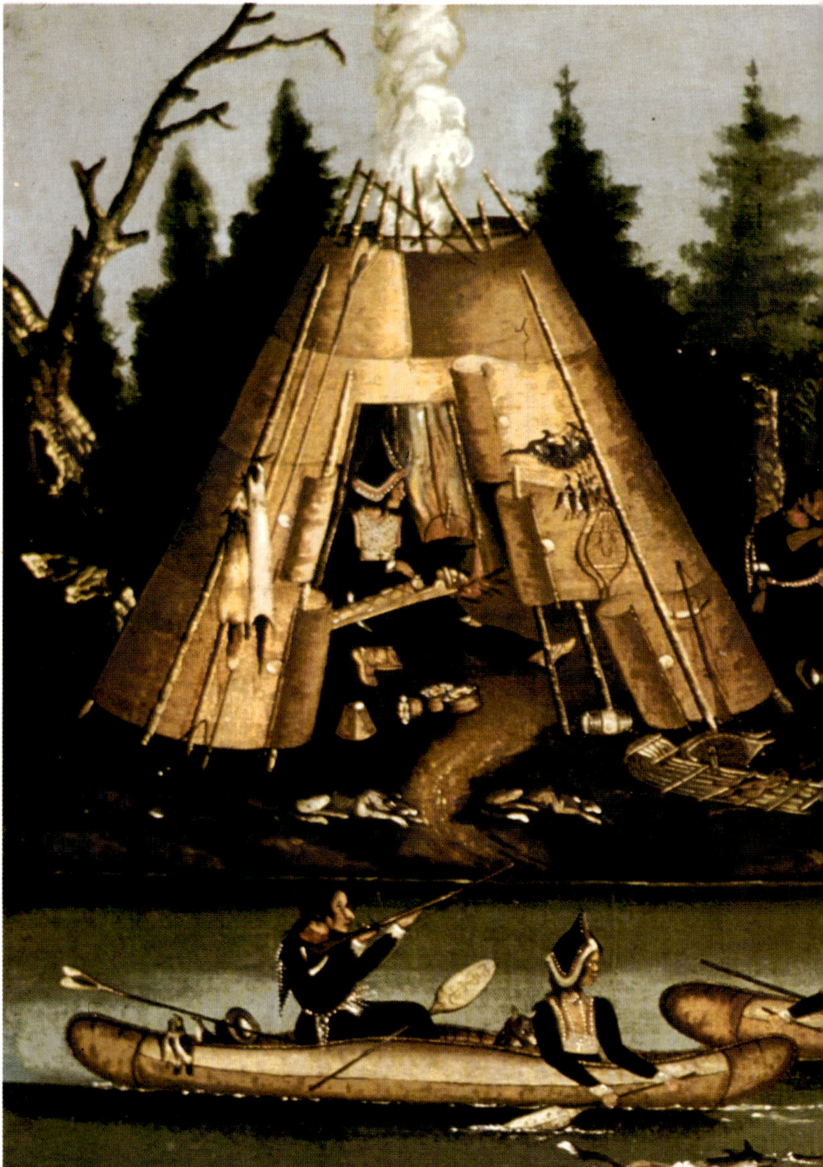

„VERBRANNTES HOLZ" 83

Dieses Bild illustriert die Veränderung im Westen. Mestizen und Indianer frönen unter den Augen einer Frau – möglicherweise der Frau eines der Mestizen – ihrer Leidenschaft, der Jagd. Die engen Kontakte zwischen Weißen und Indianern im Pelzhandel haben dazu geführt, daß sich im 19. Jahrhundert im Gebiet der kanadischen Prärien eine bedeutende Gemeinschaft von Mestizen etabliert. Wegen ihrer Hautfarbe erhalten sie von den Weißen Spitznamen wie „Verbranntes Holz". Die Mestizen lassen sich bei Dörfern nieder, in denen die französische Sprache und die katholische Religion vorherrschen. Im Sommer jagen sie Bisons und versorgen die Forts der Pelzhandelsgesellschaften mit Fleisch. Sie unterhalten freundschaftliche Beziehungen zu den Ojibwa, fürchten aber die Aggressivität der Sioux. Die Bemühungen der Mestizen um die Anerkennung durch die Regierung bleiben ohne Erfolg. Der letzte Aufstand von 1885 macht den Traum einer „Mestizen-Nation" endgültig zunichte.

Der Seminolenhäuptling Osceola zerreißt 1835 den von Präsident Andrew Jackson vorgeschlagenen Vertrag.

barn zu kümmern. Sie lassen ihre Schweine in den Wäldern umherschweifen, zäunen die Prärien ein, auf denen die Indianerstämme gewöhnlich ihre Pferde weiden lassen. Der Bau von Sägewerken an den Flußufern führt zum Ausbruch von Konflikten. Von einem Tag auf den anderen geht ein ganzer Wald, der Stammeseigentum ist, in den Privatbesitz von Siedlern über. Diese verbieten dann das Fällen und Sammeln von Holz. Das ist mehr als die Indianer ertragen können. Neuer Widerstand formiert sich. Von nun an wird unter Rückbesinnung auf die Tradition und mit dem Appell zur Einheit gekämpft. Der Widerstand erhält sein ideologisches Fundament durch eine neue Religion, die Handsome Lake, ein Seneca, verkörpert.

Die christliche Botschaft hinterläßt bei ihm, wie bei anderen Indianern auch, tiefe Spuren. Der alte Seneca predigt eine Religion, die traditionell indianisches und katholisches Gedankengut vermischt und die Vorstellung der Sünde in die irokesischen Mythen integriert.

Mit Tecumseh und seinem Bruder Tenskwatawa flackert der indianische Widerstand im Osten zum letzten Mal auf.

Handsome Lake ist Zeitgenosse eines anderen Propheten, der seinerseits den bewaffneten Kampf propagiert: Tenskwatawa, Bruder des Shawnee-Häuptlings Tecumseh.

Zwischen 1805 und 1811 ziehen Häuptling und Prophet von Stamm zu Stamm, um die Besiegten zum

Häuptling Tecumseh

Zusammenschluß aufzufordern. „Die Vernichtung unserer Rasse ist nah und geschieht noch schneller, wenn wir uns nicht in unserer gemeinsamen Sache auch gegen unseren gemeinsamen Feind zusammenschließen."

Doch als Tenskwatawa mit einer Gruppe schlecht organisierter Indianer gegen das Fort Tippecanoe vorgeht, ist seine Niederlage auch die Tecumsehs. Dieser sieht in einer Allianz mit den Engländern, die 1812 die Amerikaner in der Nähe der Großen Seen angreifen, seine Chance. Aber seine Alliierten verlassen ihn in der Schlacht von Thames, in der Tecumseh fällt. Sein Tod läßt den neuerwachten indianischen Widerstand im Keim ersticken.

Die Indianer, die im Osten bleiben, müssen sich der Politik Andrew Jacksons, des Präsidenten der USA, beugen. Als entschlossener Anhänger der Integration der

Florida wird 1819 ein Bundesstaat der USA, doch die zum Teil gewaltsame Eingliederung zieht bis 1842 ständige Guerillakämpfe nach sich. Osceola ist dabei das Alter ego Tecumsehs, des großen Häuptlings der Shawnee. Beiden Männern gelingt es kraft ihrer Führungsqualitäten, Tausende von Männern zum Krieg gegen die Weißen zu mobilisieren.

GWY **JᏧᎯᎾᎣ·Ꭰ.**
CHEROKEE **PHŒNIX**

Indianer in die amerikanische Gesellschaft befürwortet Jackson die Umsiedlung der Stämme in Reservate.

Creek, Cherokee, Chickasaw, Choctaw und Seminole unterwerfen sich dieser Politik und werden zu den „Fünf Zivilisierten Nationen". Sie lassen sich taufen, schicken ihre Kinder zur Schule und arbeiten als Ackerbauern.

Trotz ihrer Bemühungen um Integration, beginnt die Jagd auf sie von neuem, als man auf ihrem Gebiet Gold findet. Um ihre Vertreibung zu verhindern, berufen sich die „Zivilisierten Indianer" auf das Gesetz der Weißen und wenden sich an den Obersten Gerichtshof. Die über sie verfügten und ihnen zuwiderlaufenden Entscheidungen der Staaten Georgia und Alabama sollen aufgehoben werden. Die Entscheidung fällt bald: „Die Nation der Cherokee ist eine gezähmte und abhängige Nation." So beschreiten die Cherokee 1830 den „Weg der Tränen", überqueren den Mississippi und lassen sich in Oklahoma nieder, wohin schon etwa zehn andere Stämme aus dem Osten vertrieben worden sind. Die Regierung garantiert ihnen hier Land: „Solange das Gras wächst und die Flüsse strömen..."

Der Cherokee Sequoyah sucht lange nach einem Weg, um Cherokee-Begriffe in geschriebener Sprache darzustellen. Er zerlegt schließlich jedes Wort in Silben, benennt sie mit Buchstaben aus dem englischen Alphabet und erfindet noch zusätzliche Symbole. Die dadurch entstehenden 86 Zeichen ermöglichen es den Cherokee, in ihrer Sprache zu schreiben und zu lesen. 1821 erscheint die erste zweisprachige Zeitung, der „Cherokee Phœnix". Die drei Buchstaben (oben) links vom Phœnix, CWY lesen sich „Tsa-la-ti", die Bezeichnung der Cherokee für sich selbst.

Auf dieser Karte sind die Haartrachten und Namen der wichtigsten Indianerstämme abgebildet. Insgesamt gibt es jedoch viel mehr Stämme. Ethnologen und Historiker teilen Amerika in verschiedene Kulturzonen ein, je nach den ökologischen Bedingungen und der Lebensweise der Indianer. Natürlich gibt es bei einer solchen Einteilung immer Ausnahmen.

Im Nordosten herrschen die Dörfer der seßhaften Bodenbauern vor, der Irokesen, Mohikaner, Huronen, Delaware und Shawnee. Die Algonkin sind ein Jäger- und Sammlervolk. In der Nähe der Küsten leben andere Stämme mehr von der Jagd und vom Fischfang, wie die Micmac, Abnaki, Beothuc und Penobscot. Die im Südosten lebenden Cherokee, Choctaw, Creek und Natchez sind wiederum Bodenbauern, die in großen Dörfern wohnen. Die Seminole in Florida sind Jäger und Fischer. Rund um die Großen Seen sind die Sauk, Fox, Miami

KANADA

Kwakiutl

Nootka

Assiniboin

Nez-Percé

Blackfoot

Mandan

PAZIFISCHER OZEAN

Sioux

Shoshone

Zuni

VEREINIGTE STAATEN

Cheyenne

Hopi

Kiowa

Apache

Comanche

MEXIKO

INDIANER IM 18. JAHRHUNDERT

und Ojibwa zu Hause, die Wilden Reis ernten und „White Fish", eine große Forellenart, fangen. Die Hopi, Navajo und Zuni im Südwesten betreiben Maisanbau, während in den benachbarten Wüstenregionen Mojave und Pima von der Kleintierjagd und dem Sammeln von Beeren leben. Die Great Plains sind das Gebiet der Bison-Kulturen: Sioux, Pawnee, Comanche, Apache, Cheyenne, Osage, Kiowa, Assiniboin, Blackfoot, Nez-Percé und Shoshone. Die Mandan sind die einzigen Indianer der Plains, die sowohl von der Jagd als auch von der Landwirtschaft leben. In Kalifornien sammeln die Pomo, Maidu und Hupa Eicheln und machen Jagd auf Kleinwild. Die Kwakiutl, Nootka, Haida, Tlingit und Tsimshian im Nordwesten sind Lachsfischer. Im äußersten Norden schließlich jagen die Chipewyan und die Cree das Karibu.

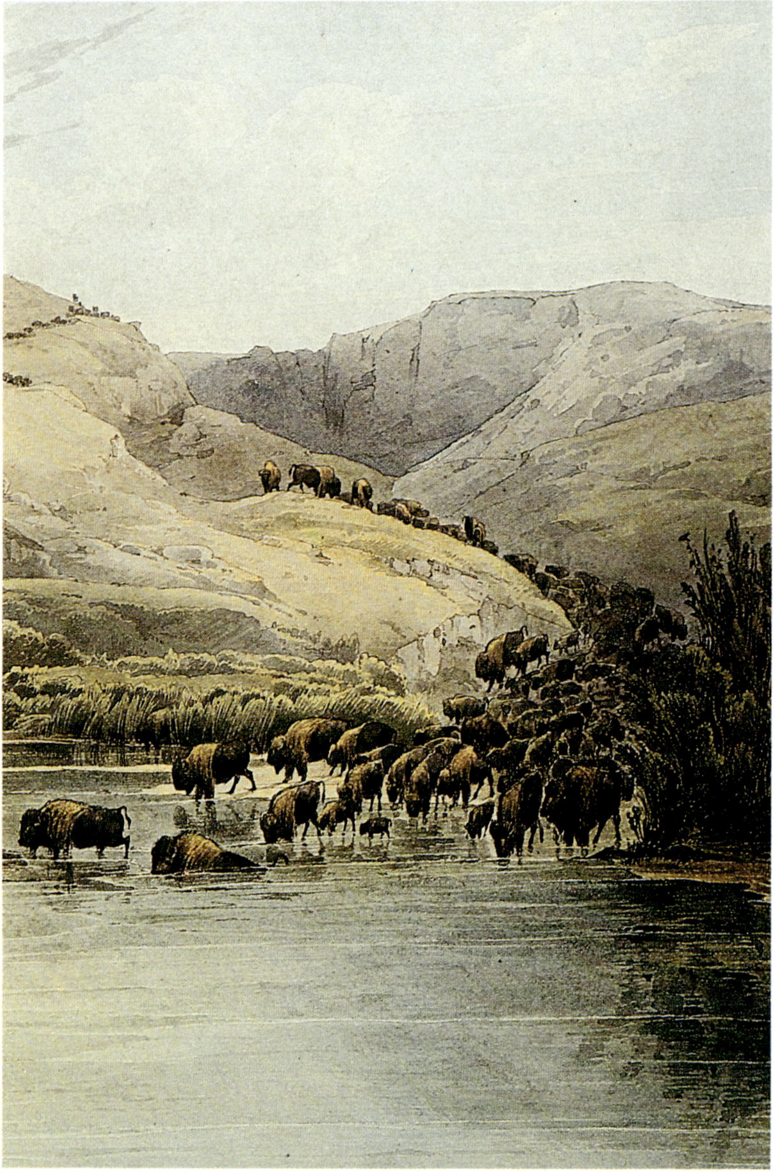

FÜNFTES KAPITEL
DIE EROBERUNG DES WESTENS

Im Jahr 1804 werden zwei amerikanische Offiziere, William Clark und Meriwether Lewis, von Präsident Thomas Jefferson beauftragt, den „Wilden Westen" zu erforschen. Sie unternehmen eine denkwürdige Expedition quer durch die Rocky Mountains bis zum Pazifischen Ozean. Mit Ausnahme einiger Trapper hat sich noch kein Weißer auf dem Landweg so weit in den Westen vorgewagt. Vor dem 19. Jahrhundert übt der Westen kaum Anziehung auf die Amerikaner aus. Sie geben sich damit zufrieden, die Stämme des Ostens dorthin ins Exil zu schicken.

Die berühmte Show Buffalo Bills wartet 1886 mit zwei neuen Attraktionen auf: Little Annie Oakley, die mit einem Pistolenschuß eine 30 m entfernte Spielkarte durchlöchert, und Sitting Bull (links, neben Buffalo Bill), der in der Show auftritt, um der Langeweile im Reservat zu entkommen.

In Westernfilmen werden Indianer mit Vorliebe dabei gezeigt, wie sie den Planwagen der tapferen Pioniere auflauern. Doch es gibt weit weniger solche Attacken, als es das Kino glauben machen will. In Zeiten, in denen diese Gefahr wirklich droht, beispielsweise als Sioux und Cheyenne 1865 den Bozeman Trail abschneiden, verbietet die Armee den Geleitzügen, sich auf Kampfhandlungen einzulassen.

Lewis und Clark beschreiben den Westen als weites, ausgedehntes Land, das nur von Bisonherden durchzogen wird, denen wiederum Indianer folgen. Bald beschreiben ihn die Forscher als eine immense Wüste, bald als zukünftiges landwirtschaftliches Paradies für die amerikanische Nation.

Zu Beginn des 19. Jahrhunderts stoßen die den Flüssen folgenden Trapper auf die Reitervölker der Prärie. Die Rocky Mountains sind noch unerforscht, doch das südliche Kalifornien ist bereits im Besitz der Spanier. Zur gleichen Zeit landen englische und russische Händler an den Gestaden des Pazifik und kaufen den Tlingit, den Kwakiutl und den Chinook Fischotterfelle ab.

Im 19. Jahrhundert ermutigt die amerikanische Regierung die neuankommenden Siedler, in den Fernen Westen zu ziehen, während sie den aus dem Osten vertriebenen Indianern dort ebenfalls Frieden und Land versprechen. Die Europäer strömen immer zahlreicher in die Neue Welt. Zwischen 1840 und 1860 erreichen mehr als 4 000 000 Siedler die USA. Goldfunde in Kalifornien und im Colorado River tragen mit zu diesem Massenansturm bei.

1846 tritt Texas den Vereinigten Staaten bei. Hier leben insgesamt etwa 25 000 Indianer, davon 15 000 Comanche. Da die Indianer entschlossen sind, ihre Freiheit bis aufs Blut zu verteidigen, kommt es trotz der versöhnlichen Politik Samuel Houstons zu keinem Einvernehmen mit den Weißen. Zehn Jahre lang führen Comanche und Apache einen Guerillakrieg, der jede Ansiedlung auf ihrem Land unmöglich macht.

Trotz der Barriere der Rocky Mountains und des Widerstands der Indianer schreitet die Besiedlung des Westens fort.

„Falls Sie am großen *Treck* nach Oregon teilnehmen wollen, schließen Sie sich ihm mit Wagen und Vieh in Slaping Grove an." Über mehrere Jahre wird diese Werbung in der Presse von Missouri wiederholt und lockt 1000 Siedler im Jahr 1843, 4000 im Jahr 1844 und 5000 im Jahr 1845 an. Hunderttausende folgen bis 1869, dem Jahr, in dem die erste Eisenbahnlinie quer durch den ganzen Kontinent fertiggestellt wird. 1843 geht als das Jahr der großen Trecks in die Geschichte ein, weil zum ersten Mal ein großer Wagenzug in den Fernen Nordwesten aufbricht. Die Siedler reisen innerhalb von fünf Monaten auf der 3200 km langen, beschwerlichen Route über die Rocky Mountains und setzen sich den gefürchteten Angriffen der Indianer aus. Dieser *Trail* kostet im Lauf seiner Geschichte etwa 20000 Auswanderern das Leben.

Die Indianer greifen frontal an. Sie ziehen es in der Regel vor, überraschend einzelne Planwagen oder die Vorhut des Geleitzuges zu überfallen. Die Krieger versetzen mit ihrem Geheul das Vieh in Panik und bemühen sich, die Pferde so zu provozieren, daß sie scheuen und durchgehen. Dadurch wird oft der ganze Wagenzug durcheinandergebracht und in so rasende Fahrt versetzt, daß nicht selten Frauen und Kinder aus den Planwagen fallen und von den schweren Gefährten überrollt werden.

Westlich des Mississippi gelangt man über zwei Routen zu den Rockies und an den Pazifik. Im Norden ist es die Oregon-Route durch das Gebiet der Sioux und der Arapaho, im Süden die Santa-Fé-Linie, die durch das Land der Cheyenne führt. Entlang dieser Routen verändern die Europäer das Land, indem sie es kultivieren und einfrieden. Vor allem rotten die Siedler, ob sie nun ansässig werden oder weiterziehen, das Wild aus. Davon am stärksten betroffen ist der Bison, das Hauptnahrungsmittel der dort lebenden Indianer. Millionen von Tieren fallen den Europäern und ihrer puren Lust am Töten zum Opfer.

Mit dem Bau der Eisenbahn nimmt die Schlächterei noch zu, denn die Arbeiter müssen ernährt werden. Unter diesen Umständen gelangt ein gewisser William Frederick Cody, sprich Buffalo Bill, zu zweifelhaftem Ruhm. Er ist ein unvergleichlicher Bisonjäger und Förderer dieses neuen „Sports"...

Jeder Indianer stellt seinen Kriegsschmuck selbst her. Form und Länge der Federn haben jeweils eine feste Bedeutung.

Für die Indianer hat die massenhafte Vernichtung der Bisons katastrophale Folgen.

In den riesigen Plains herrscht ein zerbrechliches ökologisches Gleichgewicht. Die Wölfe regulieren den Bestand der Bisonherden, indem sie alte und kranke Tiere reißen. Die Pflanzendecke profitiert vom organischen Dünger der Tiere und ihren Kadavern.

Ende der 1870er Jahre jagt man den Bison nur noch wegen seines Fells. Tausende von Tierkadavern verfaulen in der Sonne. Die Felle werden in den Osten transportiert und zu Decken verarbeitet. Den Viehzüchtern kommt das Verschwinden der Bisonherden gelegen, da sie dadurch mehr Weideland für ihr eigenes Vieh gewinnen. Die Wölfe vermehren sich, weil sie zunächst in den Bisonkadavern ein überreiches Nahrungsangebot finden. Doch je weniger Bisons es gibt, desto häufiger reißen sie das zahme Vieh, eine viel leichtere Beute. Schließlich sehen sich die Rancher gezwungen, einen regelrechten Krieg gegen die Wölfe zu führen. Wolfjäger durchstreifen die Plains und legen mit Strychnin vergiftetes Fleisch für die Tiere aus.

DAS ENDE DER BISONHERDEN 93

Die Wölfe verschwinden daraufhin tatsächlich, doch auch Nagetiere (Ratten und Mäuse) und die Hunde der Indianer gehen daran zugrunde. Den Indianern muß das alles als ein gezielter Angriff auf sie selbst erscheinen, da von der Aktion nicht nur ihre Hunde, sondern auch ihre Jagdbeute betroffen sind. Sie reagieren darauf, indem sie die Wolfjäger in Hinterhalte locken.

Auf dem Weg nach Westen bestimmt die Natur den Lebensrhythmus der Pioniere. Bei Sonnenuntergang läßt man den Zug zu einem Kreis, der Wagenburg oder dem „Korral", auffahren. Pferde und Hornvieh werden im Inneren des Korrals eingepfercht, dann schließt man die einzelnen Wagen mit Ketten zusammen.

Die Entwicklung der Viehzucht in Texas und Kansas und das Hornvieh, das die Trecks der Pioniere begleitet, sind die Ursache für den endgültigen Zusammenbruch des ökologischen Systems der Plains. Die letzten Bisonherden werden von Viehseuchen dahingerafft. Das Ende des „Großen Indianerbüffels" läutet eine neue Zeit ein. Die Indianer sehen die Welt ihrer Ahnen untergehen. Die Auswirkungen sind dramatisch. Ganze Stämme sind zum Hungertod verurteilt. Zu dieser Zeit beginnen schließlich selbst die weniger kriegerischen Stämme die Weißen zu bekämpfen und zu hassen.

Auch bei der Regierung in Washington spürt man die zunehmend angespannte Atmosphäre. Doch man schwankt zwischen verschiedenen Lösungsmodellen. Einige, wie General William T. Sherman, laden alle Jäger Amerikas und Großbritanniens dazu ein, Bisons zu schießen. Andere, wie Orlando Brown, Chef des Bureau of Indian Affairs *(BIA)*, sprechen sich dafür aus, ständige Reservate einzurichten, d. h. Jagdgebiete, die unter Kontrolle amerikanischer Agenten stehen und zu denen Weiße keinen Zugang haben.

Der dritte Lösungsweg sieht vor, direkt mit den Indianerstämmen zu verhandeln. Man hofft, daß sie bereit sind, Land abzutreten. Tatsächlich praktizieren die Amerikaner je nach Bedarf eine dieser drei Möglichkeiten.

General Sherman behauptet 1883, daß die Erfolge gegen die Indianer im Westen mehr dem Bau der Eisenbahnlinie als den Anstrengungen der Armee zu verdanken seien. Von Eisenbahn und Telegraph besiegt, müssen die letzten Vertreter der dezimierten Indianer dem Einzug der Weißen, die „so zahlreich wie die Blätter der Bäume" sind, untätig zusehen.

Die Unterzeichnung von Verträgen ermöglicht für einige Zeit einen unsicheren Frieden.

Um die Überfälle zu beenden, die den Siedlertrecks hart zusetzen, zahlen die Agenten der Regierung den Indianern beträchtliche Summen. Als Gegenleistung versprechen ihnen die Indianer, die Siedler ungehindert durch ihr Land ziehen zu lassen. 1851 wird bei Fort Laramie mit den mächtigen Stämmen der Sioux, Arapaho und Cheyenne Frieden geschlossen. Vier Jahre später werden die Blackfoot zu einer „friedlichen und Ackerbau treibenden Nation". Die Verträge gestatten den Durchzug von Truppen, die Errichtung von Forts und die Einrichtung von Telegrafenleitungen. Die Indianer tauschen die amerikanischen Dollars gegen Nahrungsmittel ein.

Fort Laramie, 1834 von Geschäftemachern des Pelzhandels erbaut, wurde zum berüchtigtsten Fort an der Straße nach Oregon. 1868 treffen sich hier berühmte Kämpfer, um dem Krieg ein Ende zu setzen: Spotted Tail, Pawnee Killer, Man Afraid Of His Horse, General William Tecumseh Sherman, Alfred H. Terry und William S. Harney.

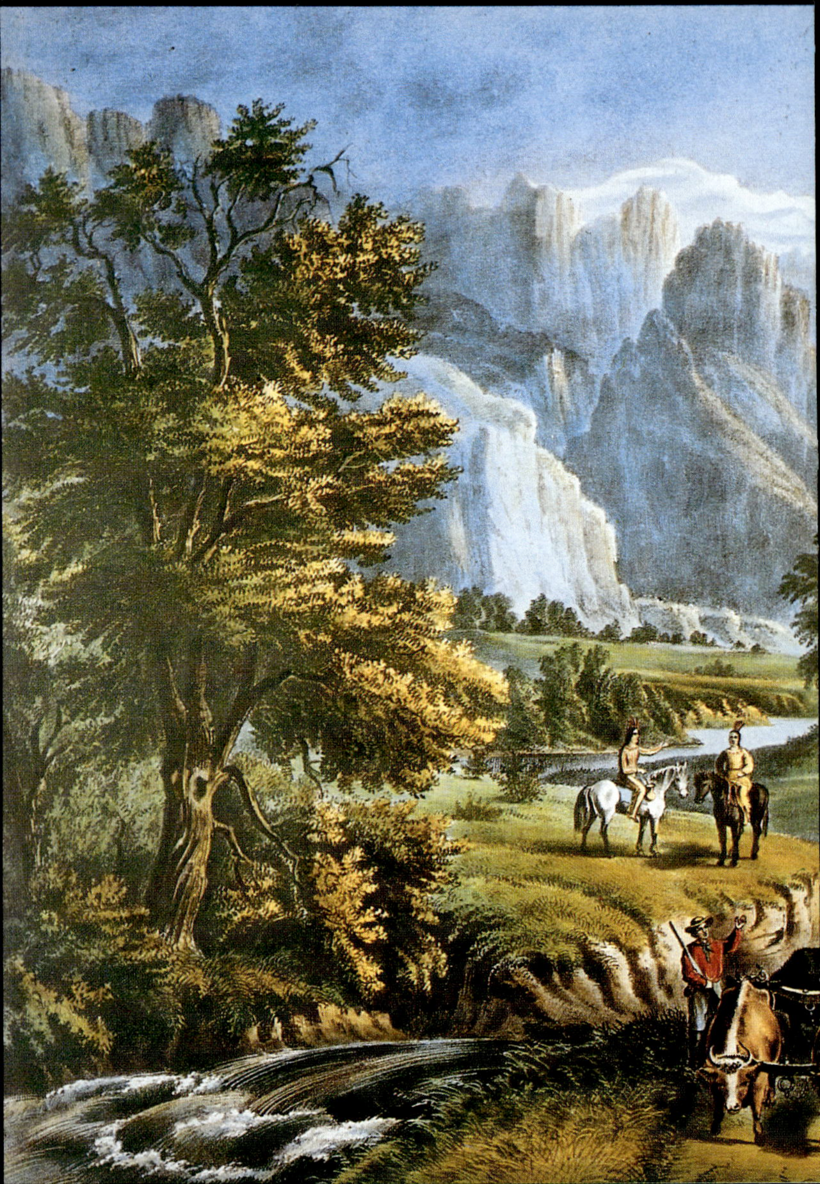

Die neuen Helden

Im amerikanischen Mythos von der Eroberung des Westens nimmt der Pionier einen besonderen Platz ein. Wie sein Vorgänger, der Puritaner, ist er ein Mann des Vormarsches in das Verheißene Land. Er hat die Alte Welt mit dem Wunsch verlassen, einen neuen, gerechten Staat zu gründen. Im Westen kann man nur überleben, wenn man mit Mut und Beharrlichkeit kämpft. Die Eroberung unberührter Räume, der Kampf gegen eine feindliche Natur und „blutrünstige Wilde" schmieden einen neuen Menschentyp. Die Natur erscheint wie eine Quelle von Kraft und Tugend für die abgestumpfte industrialisierte Welt des Ostens. Der amerikanische Philosoph Henry David Thoreau stellt die Vitalität des Westens der „tödlichen Schlaffheit des zivilisierten Lebens" gegenüber. Der Dichter Walt Whitman besingt in seinen Schriften „das unaufhaltsame Vorwärtsstreben der Pioniere". Die Intellektuellen des Ostens definieren die neuen Werte und glorifizieren gerade die Männer, die sie verachten, wenn sie in städtischer Umgebung auftauchen. Im Westen wandeln sich der Einwanderer, der Bettler und der Tagelöhner zu Helden der Nation.

98

Kampf um die Trasse

Bis in die 50er Jahre des 19. Jahrhunderts scheint die Vorstellung, ein Bewohner Bostons könne sich eine Fahrkarte kaufen und innerhalb einer Woche nach Kalifornien gelangen, noch absurd. Etwa ein Jahrzehnt später, kurz vor Ausbruch des Sezessionskriegs (1861 bis 1865), machen die Pioniere nicht mehr vor den Great Plains halt, von denen man angenommen hatte, daß eine landwirtschaftliche Nutzung durch den fehlenden Waldbestand undenkbar sei. 1866 sind die ersten Kilometer der Eisenbahnlinie der Union Pacific westlich von Omaha in die offene Prärie hinein verlegt. Von diesem Tag an ändert sich alles. Mit dem Bau der Eisenbahnlinie schreitet die Zivilisation mit großen Schritten voran. Tatsächlich ermutigen die Zugeständnisse, die die Regierung den Eisenbahngesellschaften gewährt – 16 km Land beiderseits der Trasse –, und die Anwendung neuer Techniken in der Landwirtschaft viele Siedler dazu, sich in den Great Plains niederzulassen.

DIE EROBERUNG DES WESTENS

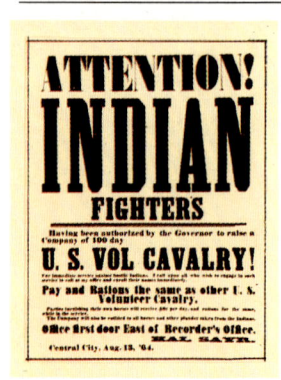

Dank dieser Übereinkunft herrscht bis 1862 Ruhe in den Great Plains. Mit Ausbruch des Sezessionskriegs jedoch umwerben die Nord- und die Südstaatler die Indianer, um ihre Unterstützung im Krieg zu gewinnen. Vor allem wetteifern sie mit Versprechungen bei den „Fünf Zivilisierten Nationen" in Oklahoma. Aber nur ein paar Cherokee-Gruppen nehmen am Kampfgeschehen teil.

Während sich die Amerikaner gegenseitig im Bürgerkrieg zerfleischen, wächst der Zorn der Indianer.

Gänzlich vom Sezessionskrieg in Anspruch genommen, sorgen sich die Machthaber in Washington kaum um die Lage im Westen, die sich dramatisch zuspitzt. Eine Hungersnot bei den Sioux in Minnesota, denen die Händler ihre Nahrungsmittel verweigern, hat verheerende Folgen.

Der Groll, den die Indianer über zehn Jahre angestaut haben, entlädt sich schließlich in einer Explosion unerhörter Grausamkeit. 1862 verwüsten die von Little Crow angeführten Santee-Sioux Farmen, Handelsstationen und Forts. Innerhalb weniger Wochen werden 700 Amerikaner getötet. In der Bevölkerung greift Panik um sich. Viele ergreifen die Flucht und lassen Häuser und Ernten zurück.

Der Gouverneur fordert in dieser Situation Hilfe von der Armee der Nordstaaten an. Von nun an wird mit den Sioux, die man wie wilde Tiere behandelt, kein Vertrag mehr geschlossen. 1800 Sioux geraten in Gefangenschaft, 300 von ihnen werden zum Tod durch den Strang verurteilt. Entgegen der Forderung des aufgebrachten Volkes werden „nur" 38 öffentlich hingerichtet.

Die Revolte der Santee ist nur der Beginn einer ganzen Serie weiterer Aufstände – von Norden bis Süden brennt es im Westen.

Ein unerbittlicher Guerillakrieg tobt in Arizona und Neumexiko. Dort weigern sich die Apachen und ihre Nachbarn,

„Verflucht sei die Rasse, die uns unser Land gestohlen und aus unseren Kriegern Weiber gemacht hat! Aus ihren Gräbern heraus werfen uns unsere Väter vor, Sklaven und Feiglinge geworden zu sein. Im Heulen des Windes höre ich das große Klagelied der Toten. Ihre Tränen strömen aus dem seufzenden Himmel. Daß der Weiße Mann untergehe! Die Weißen bemächtigen sich unseres Landes, sie verderben unsere Frauen, sie beschmutzen die Asche unserer Toten. Laßt sie uns dorthin zurücktreiben, woher sie gekommen sind! Auf einem blutigen Pfad!"
Tecumseh, Häuptling der Shawnee

die Navajo, ins Reservat zurückzukehren. Die Häuptlinge Mangas Colorado, Cochise und Geronimo machen nacheinander den Soldaten General Crooks das Leben schwer. Nach zehn Jahren andauernder Feindseligkeiten sind die Apachen gezwungen aufzugeben.

Im November 1864 wird im Gebiet der Great Plains der Krieg durch das Massaker von Sand Creek (Colorado) erneut heraufbeschworen. Mehrere hundert Soldaten sind überraschend über ein Cheyenne-Lager hergefallen. 600 Cheyenne werden, obwohl sie unter dem ausdrücklichen Schutz der Armee stehen, erbarmungslos umgebracht.

Zwischen 1860 und 1870 häufen sich die Vorfälle. Die Siedler überschwemmen zu jener Zeit die Landgebiete Oregons im Nordwesten des Kontinents. Die hier lebenden Modoc müssen mitansehen, wie ihr Wild ausgerottet wird. Da sie ihrer natürlichen Lebensgrundlage beraubt sind, beginnen die Indianer, das Vieh der Weißen zu töten und ihr Geflügel zu stehlen. Im Verlauf eines Zusammenstoßes zwischen Indianern und Weißen wird der alte Häuptling der Modoc getötet.

„Hört alle her, ihr Dakota! Als der ehrwürdige Vater in Washington seinen obersten Häuptling (W. S. Harney) zu uns schickte, um eine Passage durch unsere Jagdgebiete zu erbitten, hat man uns gesagt, daß sie lediglich unser Land durchqueren und nicht hierbleiben wollen, sondern weit im Westen nach Gold suchen. Doch noch ehe die Asche des Ratsfeuers erkaltet war, ließ der ehrwürdige Vater seine Forts gegen uns bauen! (...) Dakota! Ich bin für den Krieg!"

Red Cloud,
Häuptling der Oglala

Das Sonnenopfer

Dieses Gemälde Catlins stellt die Okipa-Zeremonie der Mandan dar, die auch als „Sonnentanz" bezeichnet wird. Bei dieser Gelegenheit wird die Mannbarkeit der pubertierenden jungen Männer geweiht.

Der Tanz dauert vier Tage. Am ersten Tag tanzen die Teilnehmer um die Hütte. Dadurch ahmen sie den Lauf der Sonne nach. Am zweiten Tag blasen sie auf Adlerknochenpfeifen, dem Symbol des Donnervogels, des Herrn des Regens.

In den letzten Tagen treiben sich die Tänzer Pflöcke durch Sehnen und Haut von Brust und Schultern. An den Pflöcken bringt man Lederriemen an, die an den zentralen Tragebalken der Hütte gebunden werden.

Die Tänzer müssen sich so lange gegen die Seile stemmen und im Kreis drehen, bis die Haut reißt. Manche lassen sich auch auf dieselbe Weise aufhängen. An den Beinen werden Bisonschädel festgebunden, um das Gewicht zu erhöhen.

Einladung ins Tipi

Bei den Indianern sind die gesellschaftlichen Verhaltensformen genau festgelegt. Der offene Eingang eines Tipis ist eine Einladung, einzutreten. Man versammelt sich immer um die zentrale Feuerstelle, wobei man sorgsam darauf achtet, daß man sich nicht zwischen das Feuer und ein Mitglied der Versammlung setzt. Wird man zum Essen aufgefordert, schickt es sich, alles aufzuessen, was man angeboten bekommt. Man schweigt, wenn man nicht vom Gastgeber oder einem Alten zum Sprechen aufgefordert wird.

Die Pfeife wird von Mund zu Mund weitergereicht. Wenn der Hausherr sie auf sein Knie legt und sie zu verglimmen beginnt, ist es Zeit, sich zu verabschieden.

Tanzen heißt beten

Beim Tanz die Haut eines Tieres zu tragen, bedeutet, dessen Identität anzunehmen. Um die Ähnlichkeit noch mehr zu betonen, ahmt man die Haltung des Tieres nach. Gleichzeitig hält man Zwiesprache mit dem Tier. Ohne eine solche spirituelle Begegnung kann die Jagd nicht erfolgreich verlaufen. Der Tanz gilt im Gespräch mit den „Geistern" ebensoviel wie das Wort.

Er ist eine der bevorzugten religiösen Ausdrucksformen. Die Musik intensiviert seine Kraft noch. Die Indianer der Plains lagern im Kreis. Das Dorf ist ein Abbild des Universums. Im Zentrum befindet sich ein Pfahl oder ein Feuer, die die Weltachse darstellen, die Verbindungslinie zwischen Erde und Himmel, das Band zwischen Menschen und „Geistern".

Die ewigen Jagdgründe

Die Beerdigungsriten variieren von einem Stamm zum anderen. Die Indianer der Plains lassen den Leichnam oft auf einem Baum oder einem Holzgerüst niederlegen. So kann sich die Seele leicht in den Himmel erheben. Die Mandan stellen den Schädel des zerfallenen Leichnams auf dem Friedhof der Familie auf und kehren immer wieder dorthin zurück, um sich mit dem Verstorbenen zu unterhalten. Das Jenseits, „die ewigen Jagdgründe", stellt man sich als eine Welt vor, in der Überfluß und Freude herrschen, eine Welt, in der es weder Leid noch so etwas wie das Jüngste Gericht gibt. Die Indianer fürchten Geister sehr, die große Reisen unternehmen müssen, bevor sie ins Reich der Toten eingehen können. Der Weg der Geister wird durch die Milchstraße symbolisiert.

DIE EROBERUNG DES WESTENS

Sofort mehren sich die Überfälle auf Trecks, die Zerstörung der Telegraphenleitungen und die Angriffe auf die transkontinentale Eisenbahnlinie. Die Weißen antworten mit immer grausameren Strafexpeditionen. Im Verlauf des harten Winters von 1865 zerschneiden Cheyenne und Arapaho die Telegraphenleitungen und überfallen isoliert liegende Forts. Ohne entsprechenden Befehl ordnet daraufhin Grenville Dodge, der leitende Landvermessungsingenieur, seine Truppe am Platte River neu und läßt das Tal durchkämmen. Zwei Wochen später sind auf einem Streifen von 150 km Breite rechts und links der Telegraphenleitung keine Indianer mehr am Leben.

„Wir wollen keine lärmenden Gefährte in den Bisonjagdgründen. Wenn die Bleichgesichter weiterhin in unsere Gebiete eindringen, werden die Skalps ihrer Brüder in den Wigwams der Cheyenne hängen... Ich habe gesprochen."
Roman Nose,
Häuptling der
südlichen Cheyenne

Nach Beendigung des Bürgerkriegs greift die amerikanische Armee in den Krieg der Great Plains ein.

General William Tecumseh Sherman ist gegen Ende des Bürgerkriegs (1865) entschlossen, den Indianern nur eng begrenzte Gebiete zuzugestehen. Doch er rechnet nicht mit dem hartnäckigen Widerstand der Sioux. Sie sind entschlossen, ihren Rechtsanspruch auf die Gebiete der Black Hills und das Tal des Platte River zu verteidigen. Red Cloud und Crazy Horse, die beiden Häuptlinge der Oglala-Sioux, machen die Bozeman-Route unpassierbar. Arapaho und Cheyenne unterstützen sie dabei. Diese Aktionen beunruhigen die in den Forts stationierten Truppen. Jeder Ausritt führt zu Zusammenstößen mit den aufständischen Indianern. Außerhalb der militärischen Zone herrscht völlige Unsicherheit.

Erschöpft durch diesen Abnutzungskrieg, der ihn teuer zu stehen kommt, ist der Gouverneur zu Verhandlungen bereit. Im Frühjahr 1868 erkennt er im Vertrag von Fort Laramie die Souveränität der Sioux über die Black Hills und das Tal des Platte River an. Die Armee erklärt sich bereit, einige Forts abzureißen. Den Indianern wird jedoch verheimlicht, daß der Vertrag die Einrichtung eines Reservats festlegt.

Als die Prospektoren in den Jagdgebieten am Bighorn River Gold finden, stürzen sich die Abenteurer förmlich auf dieses neue Eldorado. Es dauert nicht lange, bis es zu ersten Konfrontationen mit den Sioux kommt. Die Regierung beauftragt deshalb General George A. Custer, mit einem Kavallerieregiment für Ordnung zu sorgen.

Custer provoziert die Indianer jedoch, indem er ihre Rechte mißachtet und öffentlich in Zeitungsartikeln verhöhnt. Auf den Ratschlag von Crazy Horse und Sitting Bull hin schließen die Sioux und die Cheyenne ihre Streitkräfte zusammen und schlagen im Juni 1876 die fünf Kompanien des 7. Regiments der Kavallerie vernichtend. Custer mit all seinen 285 Soldaten fällt in der Nähe des Little Big Horn.

Vor der Entweihung der Heiligen Hügel verteidigt Sitting Bull sein Territorium mit aller Macht. „Wir wollen die Weißen nicht hier haben. Die Black Hills gehören uns."

DIE EROBERUNG DES WESTENS

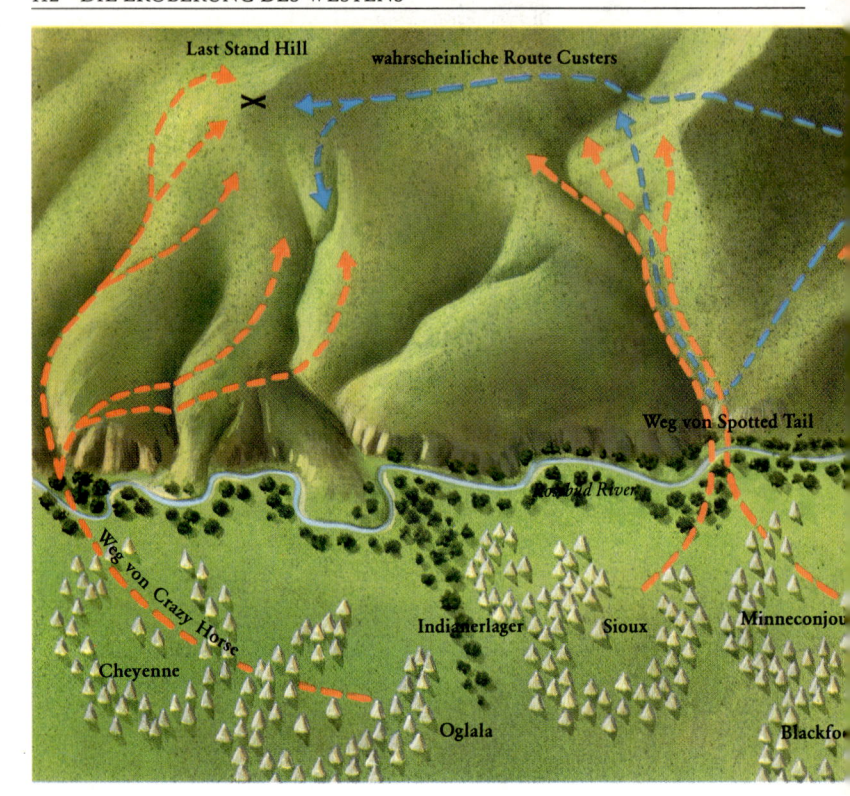

[Karte mit Beschriftungen: Last Stand Hill, wahrscheinliche Route Custers, Weg von Spotted Tail, Weg von Crazy Horse, Rosebud River, Indianerlager, Sioux, Minneconjou, Cheyenne, Oglala, Blackfoot]

Daraufhin fordert die Regierung vom militärischen Stab, diese peinliche Niederlage wieder wettzumachen. So unterunternimmt General Crook mit mehreren tausend gut bewaffneten Soldaten eine gnadenlose Hetzjagd auf die Sioux.

Die letzte Bastion des indianischen Widerstands, die Sioux, unterliegen schließlich ebenfalls.

Sitting Bull flieht nach Kanada, Crazy Horse gibt auf und kehrt ins Indianerreservat zurück, wo er ermordet wird. Damit enden die Feldzüge gegen die Indianer der Great Plains. Trotz Mut und Geschicklichkeit müssen sich die Indianer geschlagen geben. Pfeil und Bogen können nicht mit den amerikanischen Maschinengewehren und Kanonen konkurrieren. Vereinzelt kommt es noch zu letzten

Am 25. Juni 1876 bedeckt ein dichter Nebel das Tal des Little Big Horn. 3 000 bis 4 000 Krieger sind dort versammelt. General George Custer beschließt, seine Truppen zu teilen. Zur Mittagszeit gibt er Captain Benteen den Auftrag, den Süden des Tales auszukundschaften, während Commander Reno am Fluß entlangreiten soll, um die Indianer von Süden her zu überrumpeln (blau gestrichelte Linie).

CUSTERS TOD 113

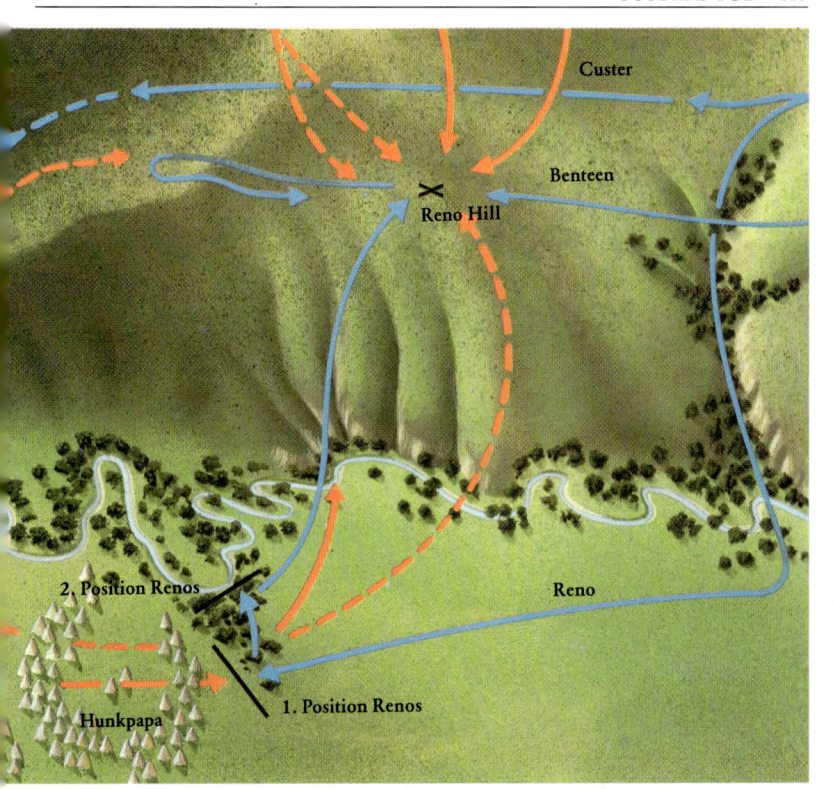

Map labels: Custer, Benteen, Reno Hill, Reno, 2. Position Renos, 1. Position Renos, Hunkpapa

Revolten wie in Oregon. So führt Chief Joseph, der Anführer der Nez-Percé, seinen Stamm in einer einige Monate dauernden Flucht quer durch Oregon, Washington und Idaho. Er bindet durch diese Aktion mehrere Regimenter, bevor es ihm gelingt, mit seinen letzten Leuten 1877 nach Kanada zu entkommen.

Heutzutage wird der Krieg der Plains eher verherrlicht als historisch exakt dargestellt. Kino und Comic strips tragen zur Legendenbildung um Custer, Crazy Horse und Sitting Bull bei, Legenden, die es manchmal mit der historischen Wahrheit nicht allzu genau nehmen. Die Zahl der Indianerhasser unter den Soldaten – wie z.B. General Sheridan, dem der Ausspruch „nur ein toter Indianer ist ein guter Indianer" zugesprochen wird – ist nicht so groß, wie gemeinhin angenommen wird.

Um 15.00 Uhr steht Reno den Indianern gegenüber. Da er den Befehl hat, um 16.00 Uhr zurückzukehren, weicht er in Richtung der Felsklippen zurück, wo er auf Benteen trifft. Gleichzeitig versucht Custer, den Fluß zu überqueren. Um 15.45 Uhr sind seine Männer von den Kriegern des Häuptlings Crazy Horse umstellt (rot gestrichelte Linie). Um 16.30 Uhr herrscht über dem Schlachtfeld die Stille des Todes.

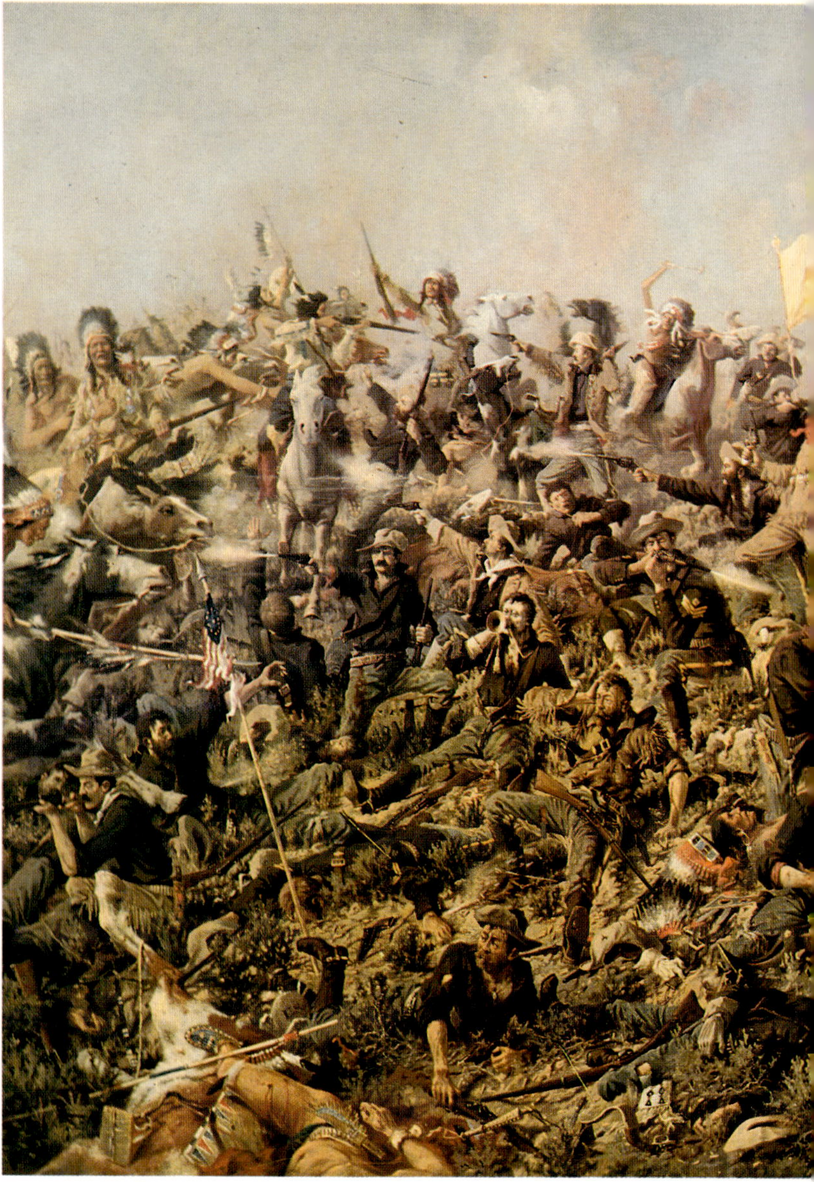

CUSTERS SCHICKSAL

Ehrgeizig, selbstgerecht und mutig, wird George A. Custer 1865 während des Bürgerkriegs im Alter von 21 Jahren General. Nach dem Friedensschluß ist er wieder Captain – in Kansas. Er macht immer wieder von sich reden und glaubt, daß die Indianerkriege ihm zu leichtem Ruhm verhelfen könnten. 1868 richtet er in einem Lager der Cheyenne am Washita River ein Blutbad an. Sein Ruf als unerbittlicher Anführer macht ihn bei den Indianern verhaßt.

Man vergißt dabei, daß viele Soldaten den Mut indianischer Krieger anerkennen. Manche setzen sich sogar gegen die skandalösen Demütigungen der Indianern zur Wehr. Bei der Zahl der Opfer, die der Konflikt zwischen den Indianern und der US-Armee gekostet hat, geht man heute von 4 000 Indianern und 7 000 Weißen aus.

In den 80er Jahren des 19. Jahrhunderts werden alle Stämme in Reservate umgesiedelt.

Die Idee der Reservate besteht schon seit Beginn der Eroberung Nordamerikas. Man beabsichtigt dabei, die Indianer vor dem „schlechten Beispiel" oder der Verfolgung der Weißen zu schützen. So bekommen die Catawba aus South Carolina schon im Jahr 1763 ein ausgedehntes Gebiet garantiert, in dem Siedler weder jagen noch das Land ausbeuten dürfen.

Doch im 19. Jahrhundert wird diese menschenfreundliche Indianerpolitik ad absurdum geführt,

DIE „ABGESCHOBENEN" INDIANER   117

indem man versucht, eine oder mehrere indianische Nationen auf kleinstem Raum anzusiedeln, der weder landwirtschaftlich noch aufgrund von Bodenschätzen nutzbar ist. Die Indianer sind der Willkür der von der Regierung beauftragten Agenten ausgeliefert. Korruption, Erpressung und Plünderungen kennzeichnen die unsichere Situation der indianischen „Wohlfahrtsempfänger".

Angst und Not als Folge der Lebensumstände in den Reservaten bilden den Nährboden für messianische Kulte.

Wahrsager und Propheten verbreiten seit der Einrichtung von Reservaten ihre Ideen mit mehr oder weniger Erfolg. Besonders Wowoka, ein Paiute, erfreut sich außerordentlicher Beliebtheit. 1890 verkündet er, daß „sehr bald (...) der ‚Große Geist' zurückkehrt. Er wird alle Arten des Wildes zurückbringen. Alle toten Indianer werden zurückkommen und zu neuem Leben erwachen."

Seit der Kolonialzeit sind Philanthropen der Meinung, daß es wohl besser wäre, wenn man die Indianer am Kontakt mit den verdorbenen Europäern hindere. Die Indianer sollten in immer weiter im Westen gelegenen Gebieten gemäß ihren Sitten leben. Dazu sollten sie einen Teil ihres Gebiets an die USA abtreten und als Entschädigung andere Gebiete, finanzielle Abfindungen oder Nahrungsmittel erhalten. Tatsächlich sind die Landstriche, die die Indianer erhalten, zumeist unfruchtbar und lebensfeindlich, die Nahrungsmittel verdorben.

118 DIE EROBERUNG DES WESTENS

Aus allen Reservaten eilt man herbei, um den „Messias" zu hören und am Geistertanz teilzunehmen. Wowoka predigt, daß nur der Tanz es ermögliche, mit den *Geistern* in Verbindung zu treten. Er fordert die Rückkehr zu den alten Bräuchen – auf friedliche Art und Weise.

Bei ihrer Verbreitung in den Plains erfährt die Glaubenslehre des Propheten zahlreiche Veränderungen. So entsteht bei den Sioux der Glaube an die *„Heiligen*

Wounded Knee am 29. Dezember 1890: Im Schnee von South Dakota liegen die Leichen der von den Regierungstruppen abgeschlachteten Sioux.

Hemden". Das bedeutet, daß ein Krieger nicht durch eine Kugel verwundet werden kann, wenn er ein Hemd trägt, das auf traditionelle indianische Weise hergestellt wurde.

Wounded Knee – oder das letzte Kapitel eines Völkermords.

Im gleichen Jahr (1890) beschließt der Präsident in Washington, die Indianerbewegung ein für allemal zu beenden, indem er die Anführer gefangennehmen läßt. Auch Sitting Bull, der alte Häuptling der Sioux, soll gefangengenommen werden. Doch er wird am 15. Dezember 1890 bei seiner Verhaftung umgebracht. Einige Tage später kommt es zu einem Blutbad. Bei einem Zusammenstoß werden in der Nähe vom Wounded Knee Creek 300 Indianer – Männer, Frauen und Kinder – von den Regierungstruppen regelrecht abgeschlachtet.

Wounded Knee markiert auf symbolische Weise das Ende der 300 Jahre dauernden Indianerkriege. Betrug die indianische Bevölkerung zur Zeit der Ankunft von Christoph Kolumbus etwa 850000 Menschen, so sind es 1890 nicht einmal mehr 50000. Die drei Jahrhunderte indianischen Widerstands rechtfertigt der Anführer der Sioux, Wanditanka, folgendermaßen: „Die Weißen versuchten unaufhörlich, die Indianer dahin zu bringen, daß sie ihre Art zu leben aufgaben und die Gewohnheiten der Weißen annahmen. Hätten die Indianer versucht, die Weißen zu zwingen, auf indianische Art zu leben, hätten sich diese auch dagegen zur Wehr gesetzt. Dasselbe galt auch für die Indianer."

Nach der vernichtenden Niederlage Custers befürwortet die amerikanische Öffentlichkeit die schlimmsten Vergeltungsaktionen gegen die Indianer. Auf der anderen Seite versetzt die messianische „Geistertanz"-Bewegung die Indianer in den Reservationen in Aufruhr. Im Dezember 1890 wird das 7. Kavallerieregiment damit beauftragt, Häuptling Big Foot von den Minneconjou-Sioux an den Wounded Knee Creek zu begleiten. Als sich versehentlich ein Schuß löst, eröffnen sie das Feuer. Die in einem Blizzard starrgefrorenen Leichen der ermordeten Indianer werden einfach in einen Graben geworfen. Unter den Toten ist auch Big Foot (unten).

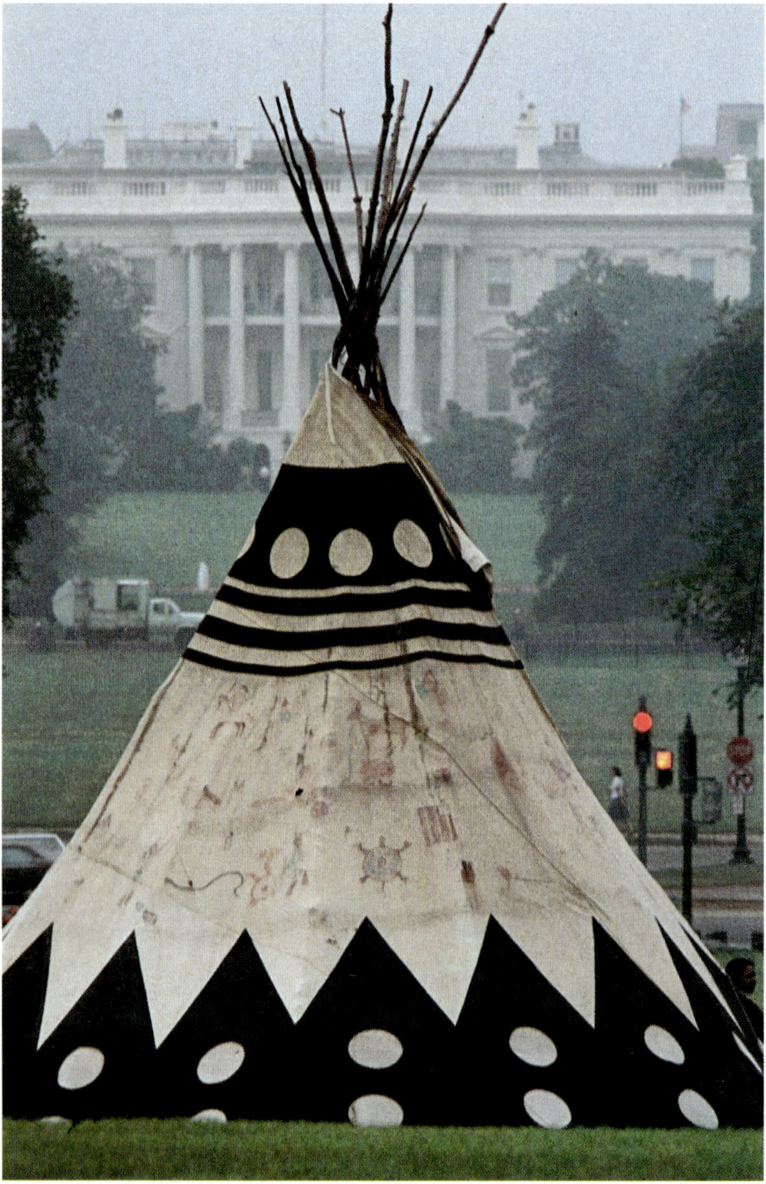

Sechstes Kapitel
DIE RÜCKKEHR DER INDIANER

Senator Hunt aus Ohio faßt gegen Ende des 19. Jahrhunderts die Alternativen für die überlebenden Indianer zusammen: „Unsere Dörfer sind auf ihren Prärien erbaut, unsere Eisenbahnschienen und Poststationen sind über ihr ganzes Land verteilt, ihre Wälder sind ausgebeutet, ihre Wiesen sind umgepflügt, die wilde Natur ist gebändigt. Die Indianer können nicht mehr jagen noch fischen. Sie müssen ihre Lebensweise ändern oder untergehen."

Im Juli 1968 gründen zwei Chippewa, Dennis Banks (rechts) und John Mitchell, das American Indian Movement. Banks zählt schon bald zu den radikalsten Mitgliedern dieser Organisation.

Ähnlich wie die polnischen, jüdischen oder italienischen Einwanderer müssen sich zu Beginn unseres Jahrhunderts auch die Indianer in die amerikanische Gesellschaft einfügen. Wie sollen aber gerade sie, in die Reservate verbannt, noch ganz in ihren Traditionen verhaftet, die „Wohltaten" des American Way of Life zu schätzen wissen? Für Missionare und philanthropische Vereinigungen, die Ende des letzten Jahrhunderts durch die Reservate pilgern, ist die Antwort nicht schwer zu finden: Zuerst muß die Stammesorganisation aufgebrochen werden. Das soll durch die Abschaffung des Kollektivbesitzes und durch Einführung des Privateigentums erreicht werden. Weiterhin ist es unumgänglich, eine flächendeckende Kampagne zur Einführung der allgemeinen Schulpflicht durchzuführen.

Für die amerikanische Regierung steht fest: Das Indianerproblem kann nur dadurch gelöst werden, daß man Jäger zu Bauern macht. Senator Henry Dawes, ein Anhänger der Assimilierungspolitik, erläßt 1887 den „Dawes Allotment Act". Durch ihn wird das Stammesland in Parzellen zu 160 Morgen pro Familie zerstückelt. Das übrige indianische Land wird vom Staat beschlagnahmt und versteigert.

Mit anderen Worten, der Dawes Act kommt vor allem den amerikanischen Landwirten zugute. Viele indianische Familien lassen sich täuschen und treten ihre Landparzelle für eine lächerlich geringe Summe an weiße Viehzüchter ab. Der indianische Landbesitz schrumpft innerhalb von etwa 50 Jahren von 56 600 000 ha 1887 auf einen kümmerlichen Rest von 36 400 000 ha 1934 zusammen.

Mit dem Dawes Act verschwindet auch der Stammesrat, d.h. die indianische Gesetzgebungsinstanz. Der Indianer ist somit plötzlich dem amerikanischen Gesetz unterworfen, das ihn dazu zwingt, seine Kinder in eine amerikanische Schule zu schicken.

In dieser Zeit führt der indianische Widerstand ein Schattendasein.

Die indianischen Riten und Zeremonien werden in den Reservaten heimlich fortgesetzt. Die mündliche Überlieferung wird weiterhin tradiert.

Neue Glaubensvorstellungen wie z.B. die „Heilige Medizin", d.h. der Peyote-Kult, entstehen. Der aus Mexiko

„Gott haßt die Kartoffeln", sagte der Shoshone-Häuptling Washarie einem Regierungsbeamten. Doch bevor man sich um den Widerstand der Erwachsenen gegen die Landwirtschaft kümmert, denkt man an die Kinder. Um die Jahreswende 1879/1880 richten die Amerikaner Reservatsschulen für Indianerkinder ein. Diese Schulen unterstehen Missionaren oder Militärpersonen. Man ist davon überzeugt, daß man den Prozeß der Akkulturation beschleunigen kann, wenn man die Indianer von Kindesbeinen an lenkt. So soll die indianische Tradition und Kultur in Vergessenheit geraten, um die Assimilation zu beschleunigen. Um der Beeinflussung durch das Elternhaus und die Stammesangehörigen zuvorzukommen, werden die Kinder in Internaten untergebracht, die weit von den Reservaten ihres Stammes entfernt liegen.

stammende halluzinogene Peyotl-Kaktus stellt für die Indianer eine Kraft dar, die es ihnen ermöglicht, mit den „übernatürlichen Mächten" in Verbindung zu treten wie beispielsweise mit dem Donnervogel oder Jesus Christus. Denn die „Heilige Medizin" ist stark vom Christentum beeinflußt. Das Verzehren des Peyotl hat Ähnlichkeit mit der katholischen Kommunion.

Dieser Kult, der die Versöhnung predigt und das Kommen des indianischen Erlösers ankündigt, findet seinen Abschluß in der Gründung der „Native American Church" im Jahr 1918. Diese Kirche wirkt auf einen Zusammenschluß aller indianischen Stämme hin und verteidigt die indianische Identität. Damit nimmt sie die Ziele der indianischen Bewegungen der zweiten Hälfte des 20. Jahrhunderts schon teilweise vorweg.

Trotz des verfälschten Bildes, das das Kino über die Indianer verbreitet, wird die Öffentlichkeit für ihre Probleme sensibilisiert.

Buffalo Bill und seine „Wild West Show" bieten dem Publikum bis 1893 ein oberflächliches und falsches Indianerbild. Schon bald darauf übernimmt Hollywood seine Darstellung. Kurze Zeit später entstehen jedoch auch sehr seriöse ethnologische Studien. 1881 erscheint Helen Hunt Jacksons „Ein Jahrhundert der Schande", eine heftige Anklage gegen die Indianerpolitik der Regierung. Die Autorin brandmarkt Schikanen, Ungerechtigkeiten

Die Ausbildung, die man den Kindern zuteil werden läßt, ist im Wesentlichen praktischer Natur. „Die Indianer haben ihre Hände", stellt ein Lehrer fest. Die Jungen lernen, mit Holz umzugehen, und erhalten landwirtschaftliches Grundwissen. Die Mädchen werden in die Verwaltung des Haushalts und in die amerikanische Küche eingeführt. Die fehlende Berufsausbildung zwingt die Indianer, nach ein paar Jahren Schulbildung in die Reservate zurückzukehren. „Dann haben sie nichts eiligeres zu tun, als zu ihrem stumpfsinnigen Leben zurückzukehren", meint der Leiter einer solchen Schule.

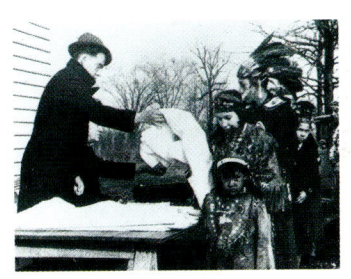

Die jährlich von der Regierung an die Indianer ausgegebenen Hilfen sind lächerlich gering. Die Agenten des BIA verfahren strikt nach dem Buchstaben des Gesetzes mit schon 200 Jahre alten Verfügungen. Oft umfaßt die Hilfe nicht mehr als ein paar Decken und einige Sack Mehl.

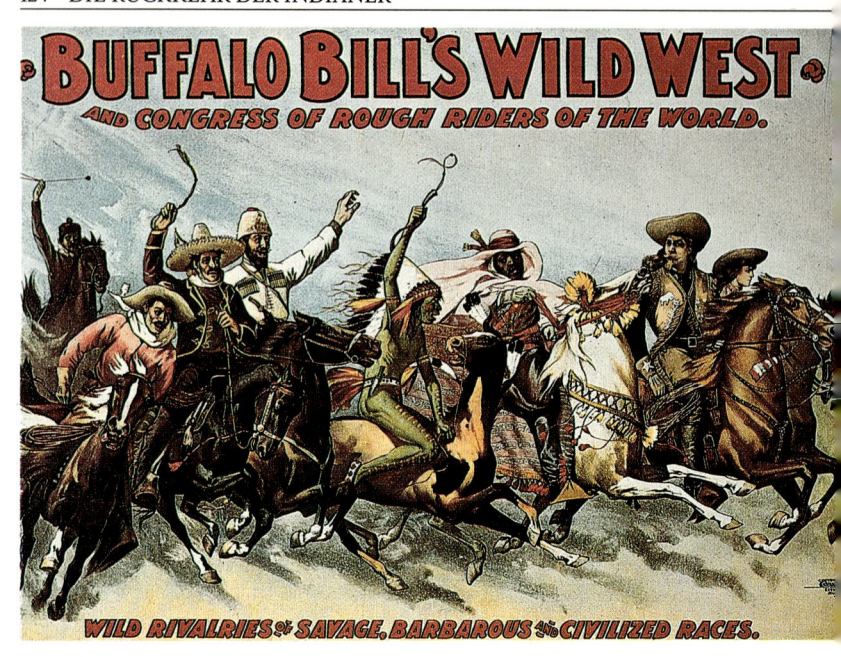

BUFFALO BILL'S WILD WEST
AND CONGRESS OF ROUGH RIDERS OF THE WORLD.

WILD RIVALRIES OF SAVAGE, BARBAROUS AND CIVILIZED RACES.

und Unterschlagungen, die von Regierungsbeamten begangen wurden. Daraufhin gibt das „Bureau of American Ethnology" des *Smithsonian Institute* eine umfassende Untersuchung in Auftrag, aus der das „Handbook of North American Indians" entsteht.

Völkerkundler wie Alfred Kroeber, Franz Boas und J. N. B. Hewitt halten Vorträge, veröffentlichen Artikel und Aufsätze über den Reichtum und die Vielfalt der indianischen Kultur. 1911 entsteht die „American Indian Society", die sich den Schutz und die Erhaltung der indianischen Kulturen zum Ziel setzt. Fünf Jahre später gründet Arthur Parker, ein Ethnologe aus der Nation der Seneca, das „American Indian Magazine", in dessen Artikeln sowohl die Vergangenheit als auch die Gegenwart der Indianer untersucht werden. Zusammen mit seinem Freund Hewitt, einem Tuscarora, versucht Parker die Eingliederung der Indianer in die amerikanische Gesellschaft voranzutreiben: Auch er sieht keine andere Lösung für das Indianerproblem als die Assimilation.

Der Journalist Ned Buntline lernt 1869 in einem Fort im Westen einen jungen Pfadfinder kennen, den er als Buffalo Bill bezeichnet. William Cody (so lautet sein bürgerlicher Name) wird zur Symbolfigur des Westmanns. In den Städten des Ostens verschlingen die Leser seine Abenteuer geradezu. Ab 1883 produziert Buffalo Bill eine Show, in der Rodeos, Kunstschützen und Kämpfe mit echten Indianern vorgeführt werden. Mit etwa 100 Indianern unternimmt Buffalo Bill sogar eine Tournee nach Europa.

In den 30er Jahren sind die Indianer ärmer als jede andere amerikanische Bevölkerungsgruppe.

Die intellektuelle Bewegung für die Belange der Indianer wird 1928 durch den schockierenden Bericht der Meriam-Untersuchungskommission noch verstärkt. Die Erkenntnisse sind erschreckend: Noch vier Jahre nach der Zuerkennung der vollen Bürgerrechte an die Indianer leben sie unter den schlimmsten Bedingungen. Da man sie auf völlig unfruchtbarem Boden angesiedelt hat und da sie außerstande sind, irgendeine Arbeit zu finden, sind sie völlig von der Unterstützung durch das BIA abhängig. Gewalt in der Familie, Alkoholismus und eine ungeheure Selbstmordrate bezeugen den psychologischen Zusammenbruch des indianischen Gemeinwesens. Mit einem Wort, der Meriam-Bericht legt den völligen Mißerfolg der Assimilationspolitik des Dawes Act offen.

Die Weltwirtschaftskrise von 1929 läßt einen neuen, reformerischen Wind durch die Gesellschaft wehen. 1934 sorgen Präsident Theodore Roosevelt und der Indianerbeauftragte John Collier für die Verabschiedung eines neuen Artikels im Grundgesetz (Ammendment): den „Indian Reorganization Act". Damit wird die Zerstückelung des Landes in den Reservaten endlich verboten, gewisse Landstriche, die von der Regierung noch nicht verkauft wurden, werden zurückerstattet, und man ermöglicht die Aufnahme von Krediten, damit in den Reservaten Industrie angesiedelt werden kann. Indianische Sanitäter, Erzieher und Volksschullehrer werden ausgebildet. Man führt den Stammesrat wieder ein und begünstigt die Selbstverwaltung – gerade in den Indianerreservaten. Schließlich bemüht sich Collier auch, durch die Förderung des indianischen Handwerks und die Erlaubnis, alte Zeremonien abzuhalten, gewisse Brauchtümer und Sitten wieder einzuführen. Die Reformer sind gewiß guten Willens, doch auch sie haben das Ziel vor Augen, die Amerikanisierung der Indianer voranzutreiben. Eine erzwungene, schriftlich fixierte Verfassung und das Mehrheitswahlrecht und eine Verwaltung nach dem Vorbild der Vereinigten Staaten lassen darüber keine Zweifel aufkommen.

Zu Beginn des 20. Jahrhunderts schreibt Theodore Roosevelt, der spätere Präsident der USA: „Niemand kann unser Land verstehen, wenn er keine Sympathie für die Werte und Hoffnungen des Westens aufbringt." Er selbst lebt acht Jahre lang im Westen und schildert seine Erfahrungen und Jagderlebnisse in mehreren lyrischen Werken, die vom Romantizismus geprägt sind. In seiner vierbändigen „Eroberung des Westens", die sehr erfolgreich ist, bringt er herzlich wenig Gefühle für die Indianer auf.

In den 50er Jahren verhärtet sich die amerikanische Indianerpolitik erneut.

Nach dem Zweiten Weltkrieg, an dem 30 000 Indianer teilnehmen, versucht die Regierung, sich ihrer Verpflichtungen ihnen gegenüber zu entledigen. Die Reservate werden 1953 der Rechtsprechung der einzelnen Bundesstaaten unterstellt. Der Kongreß hofft, dadurch die „Privilegien einer anderen Epoche", wie man die Politik in den Indianerreservaten bezeichnet, schnellstens abzuschaffen.

In Wahrheit will die Regierung eine „Endlösung" (Termination) erreichen. Dieser Begriff umschreibt die Abschaffung aller Reservate. Zwischen 1954 und 1960 wird die Politik der Termination auf 61 Stämme angewandt. Zahlreiche Demonstrationen und Protestaktionen verhindern jedoch die Ausweitung der Maßnahme auf alle anderen Völker. In den 60er Jahren profitieren die Indianer sogar von der moralischen Krise in Amerika: Sie gelten als Bewahrer alter Traditionen und Umweltschützer vor der Zeit der eigentlichen ökologischen Bewegung. Und dieselben Indianer, die noch wenige Jahre zuvor der Inbegriff der kulturellen Unbeweglichkeit und der Rückständigkeit waren, werden plötzlich zum Symbol der Menschen, die in Harmonie mit der Natur leben.

Eine neue Generation militanter Indianer bildet sich heraus. Sie lesen die Klassiker des Marxismus und sind an den Universitäten ausgebildet worden. Die Kraft der Black Power Bewegung und der Befreiungskampf der Kolonien bieten inspirierende Beispiele für die Indianer. Die militanten Radikalen brandmarken die Kompromißbereitschaft der gewählten lokalen Repräsentanten in den Reservaten und die Passivität der indianischen Organisationen. Diese jungen Leute fordern einen echten Kampf gegen die amerikanische Regierung und nicht nur die endlosen Verhandlungen, die der „National Congress of American Indians" seit seiner Gründung im Jahr 1940 betreibt.

1961 rufen junge indianische Studenten den „National Indian Youth Council" (NIYC) ins Leben, dessen Zielsetzung es ist, die ärmsten Stämme zu schützen und das indianische Kulturgut wieder höher zu bewerten. Dazu fordern sie als Grundlage die Anerkennung und Einhaltung aller geschlossenen Verträge durch die Regierung. Die Mitglieder des NIYC veranstalten spektakuläre Manifestationen wie Sit-ins, die auch von den Medien übertragen werden. Überhaupt greifen sie am liebsten auf die Massen-

Die von sozialen Auseinandersetzungen geprägten Jahre zwischen 1960 und 1970 tragen zur Geburt der „Red Power" bei, die weder eine Partei noch eine Organisation, sondern ein Symbol der Indianerbewegung ist.

Die „Ersten Amerikaner", die auf den untersten gesellschaftlichen Rang verdrängt wurden, fordern den gemeinsamen Kampf jenseits der sozialen Gegensätze. Die Grafik (oben) weist darauf hin, daß die Indianer die nationale Einheit nicht in Frage stellen, sondern für ein multikulturelles Amerika kämpfen.

medien zurück, um sich Gehör zu verschaffen. So brechen indianische Schriftsteller wie Robert Burnett und Vine Deloria das Schweigen, das um die Lebensbedingung der Mehrheit der Indianer gewahrt wird. Sie verwischen das Bild aus den Western und präsentieren statt dessen ein spirituell-geistiges und kulturelles Erbe, das der weißen Öffentlichkeit weitgehend unbekannt ist.

Dennoch sind die militanten Gruppen mit den Ergebnissen nicht zufrieden. Sie schließen sich 1968 im „American Indian Movement" *(AIM)* zusammen. Ihre Angriffe gelten symbolischen Zielen. 1969 besetzen sie die ehemalige Gefängnisinsel Alcatraz in der Bucht von San Francisco, um damit das Recht der Indianer auf Grundbesitz zu demonstrieren. 1972 nehmen sie das Büro der BIA in Washington in Besitz, und ein Jahr später leisten sie 71 Tage lang bei Wounded Knee der Polizei Widerstand. Ihre Aktionen finden bei der Bevölkerung großen Widerhall. Die Übereinkunft, die mit der Regierung erzielt wird, stärkt die Bewegung und macht ihre Führer noch einflußreicher. 1978 organisiert das AIM den „Longest Walk" von Kalifornien nach Washington, um Amerika und die Welt auf die verlorene Souveränität der indianischen Völker aufmerksam zu machen. Die Indianer fordern nur die Möglichkeit, ihre Identität zu wahren, ohne ihre Ablösung von den Vereinigten Staaten zu betreiben. Sie bestehen auf ökonomischer und kultureller Autonomie sowie einem grundlegenden Wandel der Einstellung der Amerikaner ihnen gegenüber.

Wenn in den 80er Jahren der offene Widerstand auch etwas erlahmt, ist doch das Indianerproblem alles andere als gelöst. Immerhin hat das Bewußtsein um diese Problematik in der Welt die Unterdrückungsmechanismen in den Reservaten deutlich gehemmt.

> „Wir können unsere Rechte nicht abtreten, ohne uns in unserer Eigenschaft als Volk zu zerstören. Wenn unsere Rechte nichts mehr gelten, wenn nichts mehr davon zu spüren ist, daß unser Volk Verträge mit der Nation der Weißen geschlossen hat, Verträge, die guten Glaubens von ehrwürdigen Männern auf beiden Seiten unterzeichnet wurden – lange bevor die jetzige Regierung sich entschlossen hat, diese Papiere in Fetzen zu reißen –, dann werden wir als Volk nichts mehr unterzeichnen. Wir können und wollen so etwas nicht zulassen. Wir wissen, daß wir überleben, solange wir um unsere Rechte kämpfen. Wenn wir uns ergeben, sterben wir."
>
> Harrold Cardinal, Volk der Cree

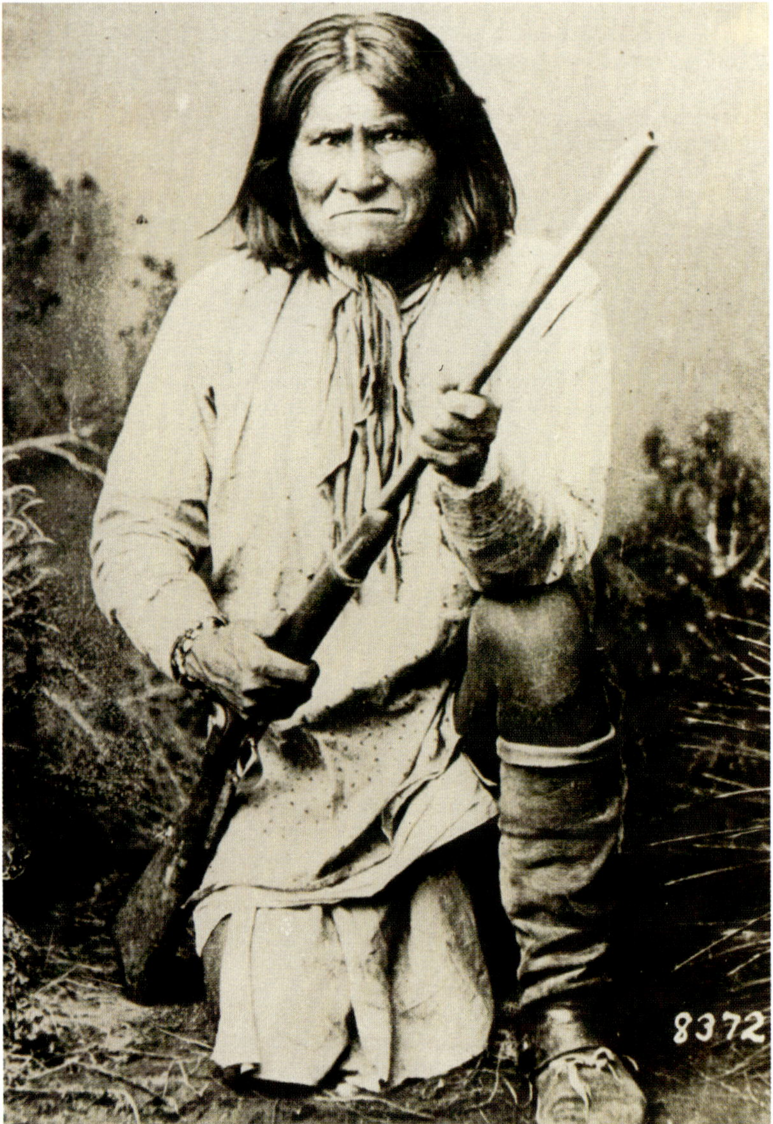
8372

ZEUGNISSE UND DOKUMENTE

Die Indianer in den Augen der Weißen

Wie der tägliche Kontakt zwischen Weißen und Indianern aussah, ist nur selten durch schriftliche Zeugnisse belegt. Doch es gibt eine Reihe von Berichten von Waldläufern, von Leuten, die von Indianern entführt wurden, und von Missionaren, die alle hautnah mit den Indianern zusammenlebten. Sie vermitteln ein ganz eigenes Bild von den Indianern.

Mary Jemison wurde 1755 im Alter von zwölf Jahren von Seneca-Indianern entführt und adoptiert. Bis zu ihrem Tod lebte sie mit dem Stamm zusammen. Im Alter von 80 Jahren (1823) diktierte sie E. Seaver ihre Erinnerungen.

Nachts kamen wir in einem kleinen Dorf der Seneca an, das in der Mündung eines kleinen Flusses lag, den die Indianer in ihrer Sprache Shemann-jee nennen: Die beiden Squaws, denen ich gehörte, wohnten dort. Sie setzten die Indianer am Ufer ab, wo sie wieder verschwanden. Es war das letzte Mal, daß ich sie sah.

Wir gelangten ans Ufer, und die Squaws ließen mich im Kanu, während sie in ihr Wigwam oder Haus im Dorf gingen, und kamen mit einem ganz neuen, hübschen und sauberen Indianerkleid zurück. Meine Kleider, die noch neu und unversehrt gewesen waren, als ich entführt wurde, bestanden jetzt nur noch aus Fetzen, und ich war fast nackt. Die Frauen begannen, mich auszuziehen, und warfen meine Lumpen in den Fluß. Sie wuschen mich und zogen mir das typisch indianische Gewand an, das sie eben geholt hatten. Dann nahmen sie mich mit zu sich und wiesen mir einen Platz in ihrem Wigwam zu.

Kaum saß ich, kamen schon alle Squaws des Dorfes, um mich anzusehen. Sie umringten mich, stießen traurige Schreie aus, weinten bitterlich um einen verstorbenen Verwandten und rangen vor Kummer die Hände. (...)

Doch im Laufe der Zeremonie wandelte sich ihr Kummer in Heiterkeit. Freude leuchtete in ihren Gesichtern, und meine Anwesenheit schien sie so sehr zu beglücken wie die Rückkehr eines lang vermißten Kindes. Die beiden Squaws, von denen ich schon erzählte, begrüßten mich wie eine Schwester und nannten mich Dickewamis, was soviel bedeutet wie hübsches Mädchen. Dies war von da an mein indianischer Name.

Später erfuhr ich, daß die Zeremonie, die mit mir vollzogen worden war, der Adoptionsritus war. Im vergangenen Jahr hatten die beiden Squaws ihren Bruder im Krieg von Washington verloren. Wegen seines Todes hatten sie sich am Tag meiner Ankunft nach Fort Pitt begeben, um entweder einen Gefangenen zu erhalten oder den Skalp eines Feindes zu holen, was den Verlust wettgemacht hätte. Die indianische Sitte verlangt, daß im Falle eines Kampfes, bei dem einer getötet oder gefangengenommen wird, der nächste Verwandte des Toten oder Abwesenden entweder einen Gefangenen (wenn man das Glück hat, einen zu erwischen) oder den Skalp eines Feindes bekommt. Wenn die Indianer von einer Expedition zurückkehren, was immer durch besondere Ausrufe, Freudenbezeigungen und der Zurschaustellung irgendeiner Siegestrophäe angekündigt wird, stellen sich die Klageweiber an die Spitze des Zuges und nennen ihre Forderungen. Diejenigen, die einen Gefangenen erhalten, haben die Wahl, ihre Rache dadurch zu befriedigen, daß sie ihn auf grausamste Weise töten, oder ihn für den, den sie verloren, in ihre Familie aufnehmen. Viele von denen, die während einer Schlacht in Gefangenschaft geraten und ins Indianerlager mitgenommen werden, gelangen so zu Familien, die in Trauer sind. Dies geschieht so lange, bis alle verlorenen Familienmitglieder gleichsam ersetzt sind. Im allgemeinen retten die Klageweiber die Gefangenen, die ihnen gebracht werden, und behandeln sie gut, es sei denn, sie sind erst seit kurzem in Trauer und empfinden daher noch großen Schmerz, Wut- oder Rachegefühle, oder der Gefangene ist alt, krank und zu nichts zu gebrauchen. (...)

Ich hatte das Glück, adoptiert und während der Zeremonie von beiden Squaws aufgenommen zu werden, um ihren Bruder im Schoß der Familie zu ersetzen. Von da an war ich

Indianerin mit Kind.

akzeptiert und wurde wie eine leibliche Schwester behandelt, so als ob ich ein weiteres Kind ihrer Mutter sei.

Das Aussehen der Indianerinnen und ihre Gesten während der Zeremonie ängstigten mich, und ich bewegte mich nicht, denn ich erwartete, jeden Moment ihre Rache zu spüren zu bekommen und zu sterben: Gegen meine Erwartung wurde ich jedoch angenehm überrascht, als sich die Gesellschaft am Ende der Zeremonie zurückzog und meine Schwestern mit allen ihnen zur Verfügung stehenden Mitteln versuchten, mich zu trösten und mir guten Mut zuzusprechen.

Von da an hatte ich ein Zuhause, kümmerte mich um die Kinder und verrichtete leichte Tätigkeiten im Haus. Von Zeit zu Zeit, wenn die Jagd sie nicht zu weit weg führte, nahmen mich die Indianer mit, damit ich ihnen half, die Beute zu schleppen. Ich hatte ein einfaches, sorgloses Leben. Aber die Erinnerung an meine Eltern, meine Brüder und Schwestern, unser Haus und meine eigene Gefangenschaft verhinderten, daß ich ganz glücklich wurde. Ich wurde sehr schweigsam, traurig und hielt mich abseits.

Im Beisein meiner Schwestern durfte ich nicht englisch reden, aber ich folgte dem Rat, den mir meine Mutter gegeben hatte, als ich sie verließ: daß ich es mir zur Aufgabe machen sollte, wenn ich allein sei, mir meine Gebete, den Katechismus oder etwas anderes, was ich auswendig konnte, vorzusagen, um meine eigene Sprache nicht zu verlernen.

Mary Jemison:
Bericht über das Leben der Mary Jemison, die 1755 im Alter von 12 Jahren von den Indianern entführt wurde.

Jean-Bernard Bossu hielt sich im Jahr 1750 in der damals französischen Kolonie Louisiana auf und besuchte eine Reihe von Forts. Dabei begegnete er vielen Waldläufern und lernte die Handelspraktiken mit den Indianern aus ihren Berichten genau kennen.

Vor etwa vierzig Jahren kannten die Amerikaner die Europäer noch nicht. Zu dieser Zeit drang ein Reisender oder Waldläufer in ihr Land ein, zeigte ihnen, wie man Schußwaffen bedient, und verkaufte ihnen gewöhnliche Gewehre mit Schießpulver. Die Indianer machten damit große Jagd, wodurch sie zu einem großen Fellvorrat kamen. Ein anderer Waldläufer kam wenig später mit Munition zu ihnen. Die Wilden, die noch reichlich mit Pulver ausgerüstet waren, bemühten sich deswegen nicht, mit dem französischen Abenteurer zu verhandeln. Der dachte sich darauf einen einzigartigen Plan aus, um seine Ware an den Mann zu bringen, ohne sich um die Folgen, die seinen Landsleuten aus dem Betrug erwachsen könnten, zu sorgen. Da die Wilden von Natur aus sehr neugierig sind, wollten sie unbedingt wissen, wie das Pulver, das sie „Korn" nannten, in Frankreich wächst. Der Waldläufer machte sie glauben, daß man es in der Savanne aussäe und dann ernte wie Indigo oder Hirsegras.

Die Missouri-Indianer waren sehr zufrieden mit seiner Erklärung. Sofort machten sie sich daran, das ganze Schießpulver, das ihnen noch geblieben war, zu säen. So sahen sie sich gezwungen, doch Pulver bei dem französischen Reisenden zu kaufen, der es mit großem Gewinn gegen Biber-,

Fischotterpelze usw. eintauschte. Daraufhin fuhr er den Fluß hinab bis nach Illinois, das damals von M. de Tonti regiert wurde.

Von Zeit zu Zeit schauten die Missouri in der Savanne nach, ob schon die ersten Keimlinge zu sehen seien. Vorsichtshalber hatten sie einen Wächter aufgestellt, um zu verhindern, daß Tiere das Feld verwüsteten, von dem sie sich ihre Ernte erwarteten. Aber schon bald erkannten sie, daß sie von dem Franzosen hintergangen worden waren. Man muß wissen, daß man die Wilden nur einmal täuscht, denn das vergessen sie nicht. So beschlossen sie, sich am ersten Franzosen, der ihnen in die Hände fallen würde, zu rächen. Nur kurze Zeit später beschloß unser Waldläufer aus Gewinnsucht, einen Genossen mit ausgesuchten Waren, die sich für den Handel eigneten, zu den Missouri zu schicken. Doch die Indianer hörten, daß dieser ein Kollege desjenigen war, der sie betrogen hatte, und gaben vor, das Spiel nicht zu durchschauen, welches nun auch der Kollege mit ihnen trieb. Sie boten ihm sogar das öffentliche Zelt in der Dorfmitte an, wo er seine Ballen und Waren ablegen konnte. Als er diese dort ausgebreitet hatte, stürzten alle Missouri auf einmal in das Zelt, und all diejenigen, die damals so naiv gewesen waren, ihr Schießpulver einzusäen, bemächtigten sich nun der ganzen Ware, so daß dem armen Lieferanten nichts blieb. (...)

Der Franzose protestierte laut gegen dieses Vorgehen und beschwerte sich beim Anführer des Klans, der ihm mit ernster Miene antwortete, daß er ihm zu seinem Recht verhelfen

Verkauf eines Gewehrs an einen Indianer.

wolle. Man müsse jedoch erst die Ernte des Schießpulvers abwarten, das seine Untergebenen auf den Rat seines Landsmannes hin ausgesät hätten. Er könne sich auf ihn, den Anführer, berufen und sich darauf verlassen, daß er dann eine große Jagd veranstalten würde und ihm die erbeuteten Felle als Lohn für das Geheimnis, das der Franzose ihnen offenbart hätte, schenke. Vergeblich versuchte unser Reisender darauf hinzuweisen, daß vielleicht die Erde der Missouri für das Wachstum des Pulvers nicht geeignet wäre und daß die Indianer sich nicht mehr daran erinnerten, daß es nur in Frankreich wachse: Alle Begründungen fruchteten nicht, und er zog sich zurück, verwirrt darüber, wie er von den Wilden angeführt worden war.

Diese Lektion hielt jedoch andere Franzosen nicht davon ab, wieder zu den Missouri zu gehen. Einer der Weißen schlug vor, nun wieder den Indianern einen Streich zu spielen. Er belud ein Kanu mit allerlei Kleinkram. Auf Anraten des vorherigen Abenteurers füllte er ein Faß mit Asche und Kohlen, die er mit etwas Schießpulver verdeckte. Bei den Missouri angekommen, breitete er seinen Tand in dem großen Zelt aus, in der Hoffnung, die Missouri dazu zu verleiten, ihn an sich zu nehmen. Tatsächlich stahlen die Wilden die Ware. Der Franzose machte großen Lärm und beschimpfte die Indianer. Dann lief er zu dem Pulverfaß, das er vorbereitet hatte, schlug den Boden ein, nahm ein flammendes Hölzchen und schrie: „Ich habe meine Seele verloren! Ich werde das Zelt in die Luft sprengen, und ihr werdet mit mir in das Land der Seele gehen." Die erschrockenen Wilden wußten nicht, was tun. Die Franzosen außerhalb des Zeltes riefen, daß ihr Bruder seine Seele verloren habe und sie nur wiedererlangen könne, wenn man ihm alle Waren zurückbringe oder bezahle. So gingen die Häuptlinge durch das Dorf, um die Einwohner dazu aufzufordern. (...) Das Volk war tief bewegt, und jeder brachte so viele Felle dorthin, wie er finden konnte. Daraufhin sagte der Franzose, daß er seine Seele wieder zurückerlangt habe. Der Häuptling bot ihm die Friedenspfeife an, er rauchte und goß Wasser auf das Pulver, um zu zeigen, daß er es nicht mehr gebrauchen wolle: In Wirklichkeit wollte er aber damit seinen Betrug vor den Wilden verhehlen. Er brachte von den Missouri Felle im Wert von fast 1000 Ecus mit. Seither stand er in hohem Ansehen bei den Wilden, die ihm den Namen „echter Mann" oder „ehrenhafter Mann" gaben.
J.-B. Bossu: *„Neue Reisen in Louisiana"*

Im 16. Jahrhundert waren es vor allem Jesuiten, die in der Indianermission tätig waren. Sie lebten oft mitten in den Dörfern der Einheimischen und bemühten sich mehr als andere Europäer der Zeit darum, die indianische Kultur kennenzulernen. So sind ihre Berichte an die Ordensoberen für uns heute unschätzbare Quellen für die Riten und Gebräuche sowie die religiösen Vorstellungen der Indianer in den ersten Jahrhunderten der Kolonisierung der Neuen Welt.

Gegen Abend erlaubte uns ein freundlicher Häuptling, an einem dieser Kriegsfeste teilzunehmen, die überall beliebt sind, da sie auch in den Schwächsten den Kampfesmut entfachen, der aus ihnen richtige Krieger macht. (...)

Ich berichte hier von einem Kriegsfest. Stellen Sie sich eine große Versammlung von Wilden in prächtiger Aufmachung vor, so daß sie von einem Europäer kaum noch als menschliche Wesen zu erkennen sind. Zinnober, Weiß, Grün, Gelb und Schwarz, das sie aus Ruß oder dem

Indianer mit Kriegsbemalung.

schwarzen Belag der Kochtöpfe zusammenmischen, sind ihre Farben. Diese verschiedenen Farben tragen die Wilden nach einem bestimmten System auf ihr Gesicht auf, mit ein wenig Ruß als Pomade. So entsteht eine Bemalung, die ein wahres Kunstwerk ist und nicht nur das Gesicht verschönert, sondern den ganzen Kopf, der bis auf ein kleines Haarbüschel völlig kahlgeschoren ist. In dem ausgesparten Haarbüschel werden Vogelfedern, einige Porzellanstücke oder sonstiges Flitterwerk befestigt. Für jede Partie des Kopfes gibt es einen spezifischen Schmuck: Durch Nase und Ohren sind Ringe gezogen. Die Ohren sind seit jüngster Kindheit durchstochen und von dem Gewicht, das an ihnen lastet, so geweitet, daß sie die Schultern berühren. Die übrige Ausrüstung entspricht der bizarren Bemalung: ein zinnoberrotes Hemd, Porzellanketten, Silberarmreife, ein großes Messer, das in einem Gürtel aus wild durcheinandergewürfelten Farben steckt, Stiefel aus echter Haut… So sieht der Putz der Wilden aus. (…)

Stellen Sie sich also eine Versammlung derart herausgeputzter Leute in Reih und Glied vor. In der Mitte stehen große Kessel, die mit gekochtem Fleisch gefüllt sind. Das Fleisch ist in Stücke geschnitten, damit es an die Zuschauer verteilt werden kann. Nach einem Moment respektvoller Stille, die den Ernst der Versammlung verkündet, heben die Anführer verschiedener Stämme, die dem Fest beiwohnen, an, nacheinander zu singen. Sie können sich nicht vorstellen, wie sich die Musik der Wilden im Gegensatz zu der Feinheit und dem Geschmack der europäischen Musik anhört. Es sind Töne, ich möchte fast sagen, zufällig entstandene Töne, die nicht selten an Schreie und Wolfsgeheul erinnern. Das ist jedoch noch nicht die Eröffnung der Sitzung, sondern nur die Ankündigung und das Vorspiel, das dazu dient, die verstreuten Eingeborenen zu dem allgemeinen Treffen zusammenzurufen. Sind erst einmal alle anwesend, ergreift das Stammesoberhaupt das Wort und hält eine feierliche Ansprache an die geladenen Gäste. Dies ist der sinnvollste Akt der ganzen Zeremonie. Die Lobrede des Königs, die Lobpreisung der französischen Nation, die Gründe, die den Krieg, Element der Verherrlichung und der Religion, legitimieren: All dies ist dazu bestimmt, die jungen Leute zu veranlassen, mit Freude in den Kampf zu ziehen. Dies ist der tiefere Sinn der Rede, die nichts Barbarisches an sich hat. Ich habe mehr als eine davon gehört, die sogar einem unserer französischen Schöngeister hätte zugeschrieben werden können. Die indianische Redegewandtheit schöpft ganz aus der Natur und läßt den Rückgriff auf die Kunst nicht vermissen.

Nach der Ansprache geht man dazu über, die Anführer zu bestimmen, die ein Kontingent kommandieren sollen. Ist der Anführer gewählt, erhebt er sich und ergreift den Kopf eines der Tiere, das für seine Feinde steht. Er hebt den Schädel so hoch, daß er von allen Anwesenden gesehen werden kann, und ruft: „Das ist der Kopf des Feindes!" (...)

Wenn er dann seinen Paradegang vor den Reihen der Wilden macht, antworten diese auf die Gesänge mit dumpfen Schreien, die stoßweise aus dem Bauch kommen und von so lustigen Körperbewegungen begleitet werden, daß man wirklich sehr abgebrüht sein muß, um sie ohne Regung mitanzusehen. Beim Singen des Liedes streut er hin und wieder einen groben Scherz ein. Dann hält er an, wie um sich selbst zu applaudieren, oder vielmehr, um den wilden Applaus, den Tausende von Schreien an seine Ohren tragen, entgegenzunehmen. Er dehnt seinen Gang so lange aus, wie ihm das Spiel gefällt. Hat er genug davon, beendet er es, indem er den Kopf, den er bisher in seinen Händen gehalten hat, von sich wirft, um dadurch seine Verachtung zu demonstrieren und zu zeigen, daß dies eine ganz andere Sorte Fleisch ist, als die, mit der er seinen Kriegshunger stillen könnte. Dann begibt er sich wieder an seinen Platz, wo er sich erst setzt, nachdem man ihm den Kopf mit einem Topf voll heißer Asche zurechtgemacht hat. Das ist ein Freundschaftsbeweis, eine Zärtlichkeitsbezeugung, die man nur einem guten Freund entgegenbringt: Eine ähnliche Vertrautheit von seiten eines gewöhnlichen Mannes würde als Beleidigung verstanden.

Auf diesen ersten Krieger folgen noch andere, was die Sitzung unendlich hinauszögert, vor allem dann, wenn eine große Truppe gebildet werden soll, da nur bei dieser Zeremonie die Aufstellung der Krieger erfolgt. Schließlich endet das Fest mit der Verteilung und dem Verzehr des Fleisches.

So spielte sich das Kriegsfest ab, das für unsere Wilden gegeben wurde. (...)

Reiseberichte der Jesuiten, 1768

Nordamerikanische Indianerkulturen

Das Bild der Prärie- und Plains-Indianer beherrscht noch immer die Vorstellungen vom nordamerikanischen Indianertum. So unterschiedlich aber die Lebensräume des nördlichen Amerika sind, so verschiedenartig präsentiert sich dort auch traditionell indianisches Leben.

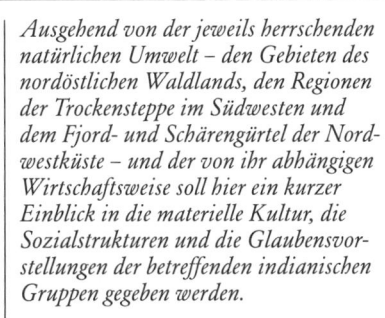

Ausgehend von der jeweils herrschenden natürlichen Umwelt – den Gebieten des nordöstlichen Waldlands, den Regionen der Trockensteppe im Südwesten und dem Fjord- und Schärengürtel der Nordwestküste – und der von ihr abhängigen Wirtschaftsweise soll hier ein kurzer Einblick in die materielle Kultur, die Sozialstrukturen und die Glaubensvorstellungen der betreffenden indianischen Gruppen gegeben werden.

Das nordöstliche Waldland.

„Der Lebensraum der nordöstlichen Waldlandstämme reichte vom Sankt-Lorenz-Strom im Norden bis zum Cumberland River im Süden und vom Mississippi im Westen bis zur mittleren atlantischen Küste. Zu Beginn der europäischen Eroberung standen hier riesige Laub- und Mischwälder, in denen die Indianer einen primitiven, aber intensiven Bodenbau betrieben. Die nördliche Zone dieses ausgedehnten Waldareals wurde durch zahlreiche Seen und kleinere Ströme geprägt, die für das indianische Verkehrswesen von großer Bedeutung waren und als Verbreitungswege von Kulturgütern und Ideen zwischen den Stämmen eine wichtige Rolle spielten. Abgesehen von einigen kleinen Enklaven und den Landschaften um die östlichen Großen Seen, die von Angehörigen der irokesischen Sprachfamilie bewohnt wurden, war das ganze nordöstliche Waldland von Algonkin sprechenden Stämmen besiedelt." (Lindig)

Außer den Gruppen an der nordöstlichen Atlantikküste (u.a. Malecite,

Ein Cree-Jäger lockt das Wild an.

Micmac, Abnaki) und denen am Westrand des Waldlandes (Sauk, Fox, Menomini etc.), die nur wenig Bodenbau betrieben, war für die überwiegende Mehrheit der Bodenbau die wirtschaftliche Grundlage. Innerhalb der großen Palette bekannter Nutzpflanzen spielten vor allem Mais, Bohnen und Kürbisse (die indianischen Kulturpflanzen schlechthin) eine überragende Rolle. Abgesehen von der Rodung (Brandrodung) lag die Hauptlast der Feldarbeit bei den Frauen. Individueller Privatbesitz an Land war, wie fast überall im indianischen Nordamerika, unbekannt. Das Land gehörte der ganzen Gruppe (Kollektivbesitz). Holz war das typische Material für die alltäglichen Geräte (wie Werkzeuge, Gefäße und Löffel), besonders aber für den Hausbau. Die Algonkin der nördlichen Küstenregion und des zentralen Gebietes wohnten in kuppelförmigen Wigwams, Irokesen und ihre Algonkinnachbarn in großen, rechteckig angelegten Langhäusern. Am Beispiel der Irokesen kann die recht verzwickte Gesellschaftsordnung verdeutlicht werden: Das Langhaus besteht aus mehreren Kernfamilien. Sie alle verstehen sich als Nachkommen einer gemeinsamen Ahnfrau. „Die Abstammung bezog sich immer auf die Mutter. (...) Wenn die Männer heirateten, zogen sie zu ihren Frauen. Wenn die Ehe auseinanderbrach, kehrte der Mann zu seiner Mutter zurück und verließ seine Kinder." (La Farge) Dies ist insofern unproblematisch, als die Brüder der Mutter die Pflichten gegenüber den Kindern übernehmen. Das absolute Sagen im Langhaus hat die Matrone, die üblicherweise Großmutter, Mutter, Mutterschwester oder ältere Schwester sämtlicher Frauen ist. Sie überwacht die kollektive Feldarbeit und die Organisation im Langhaus. Gemäß bestimmter Regeln (u.a. Erbfolge) wählt sie die Klan- und Stammesführer aus, und alle blutsverwandten Männer respektieren ihre Autorität. Doch trotz dieser Machtfülle wäre es falsch, von einem Matriarchat, einer Mutterherrschaft bei den Irokesen zu sprechen.

Die Langhausbewohner schließen sich mit Bewohnern weiterer Langhäuser zu einem exogamen totemistischen Klan zusammen, d.h.: Man führt die Klanabstammung auf einen gemeinsamen Urahnen zurück und durfte nur außerhalb seines eigenen Klans einen Ehepartner suchen. Alle Mitglieder eines Klans müssen sich gegenseitig helfen, praktizieren die Blutrache und besitzen das Recht zur Adoption von Fremden. Jeder Klan unterhält einen Klanrat, dessen Mitglieder aus Vertretern beider Geschlechter bestellt werden. Seine Aufgaben sind u.a. die Landverteilung, die Schlichtung von Streitigkeiten unter Klanangehörigen und die Verhandlungsführung mit anderen Klanen. Er bestimmt auch die Nachfolge im sogenannten Sachemrat der Liga (s. weiter unten). Dem Klanrat steht ein Oberhäuptling vor.

Die politische Einheit ist der Stamm. Er unterhält ein präzise eingegrenztes Gebiet mit mehreren Dörfern. Die Stammesangehörigen sprechen denselben Dialekt. Der Stammesrat setzt sich aus den männlichen und weiblichen Häuptlingen der Klane und den Pine-Tree Chiefs, auf Lebenszeit gewählten tapferen Kriegern, zusammen. Der Stammesrat befaßt sich mit „außenpolitischen" Dingen: Empfang von Gesandtschaften fremder Stämme, Kriegserklärungen.

Die oberste Einheit innerhalb der irokesischen Gesellschaftsgliederung ist die Liga, eine Konföderation von fünf, teilweise sechs Stämmen. Ihre Gründung geht auf die 70er Jahre des 16. Jh. zurück. Der Ligarat besteht aus 50 Sachems (Friedenshäuptlinge), deren Ämter in 50 Langhäusern, verteilt auf alle Stämme, erblich sind.

Die Glaubensvorstellungen der seßhaften Bodenbauern ergänzen die bei den subarktischen Jägervölkern vorherrschenden Tiergeisterkonzeptionen durch eine Art von „Götterpantheon", wobei dieser Begriff nicht eindeutig als eigenständige, frei von christlicher Missionstätigkeit entstandene Erscheinung bezeichnet werden kann, da die Informationen alle aus der Zeit des Kontaktes mit den Europäern stammen.

Die Schamanen führen hauptsächlich Krankenheilungen durch und sind bei den Irokesen in Geheimbünden organisiert. Wie bei den meisten anderen Indianern Nordamerikas sind auch bei den östlichen Waldlandindianern Träume und Visionen von entscheidender Bedeutung. „Sie bildeten auch den Inhalt vieler Mythen und nahmen in Kultobjekten, z.B. in den irokesischen Masken, sichtbare Gestalt an. Der Traum war für den einfachen Indianer Voraussetzung zur Erlangung eines persönlichen Schutzgeistes, der ihm bei der Meisterung des Lebens, bei Krankheit und zur Aufnahme in einen Geheimbund behilflich war." (Lindig)

Der Südwesten.

Zwischen dem Colorado River im Westen und dem Rio Grande im Osten, den südlichen Ausläufern des Colorado-Plateaus im Norden sowie der Sonorawüste im Südwesten gelegen, herrscht in diesem Gebiet typisches Kontinentalklima vor: heiße Sommer und kalte Winter. Die durchschnittliche Höhe beträgt etwa 2 000 m. Im wesentlichen befindet sich diese Region in den heutigen US-Bundesstaaten New Mexico und Arizona.

„Im Gegensatz zu den anderen Kulturarealen Nordamerikas zeigt der Südwesten ein außerordentlich breites Spektrum indianischer Kulturentwicklung, das von einfachen halbnomadischen Sammlern und Jägern bis zu hochentwickelten seßhaften Bodenbauern mit differenzierter Bewässerungswirtschaft und komplexen Sozialstrukturen reicht." (Lindig)

Die bekanntesten der jagenden und sammelnden Wildbeuterkulturen im Südwesten sind die vor rund 700 Jahren aus dem Norden eingewanderten, der athapaskischen Sprachfamilie zugehörigen Navajo und verschiedene Apachestämme (Mescalero, Jicarilla, Chiricahua etc.). Die hier lebenden Bodenbauern werden üblicherweise in vier Gruppen eingeteilt: die Pueblo-Indianer (Hopi und Zuni im Westen, die Rio-Grande-Pueblo wie Laguna, Acoma, Cochiti und Taos), die Yuma sprechenden Stämme des unteren Colorado-Tales (Mojave, Yuma etc.), die Papago und Pima im mittleren und südlichen Arizona und die Stämme des nordwestmexikanischen Berglandes (Opata, Tarahumara, Yaqui etc.). Mehr noch als die Wild-

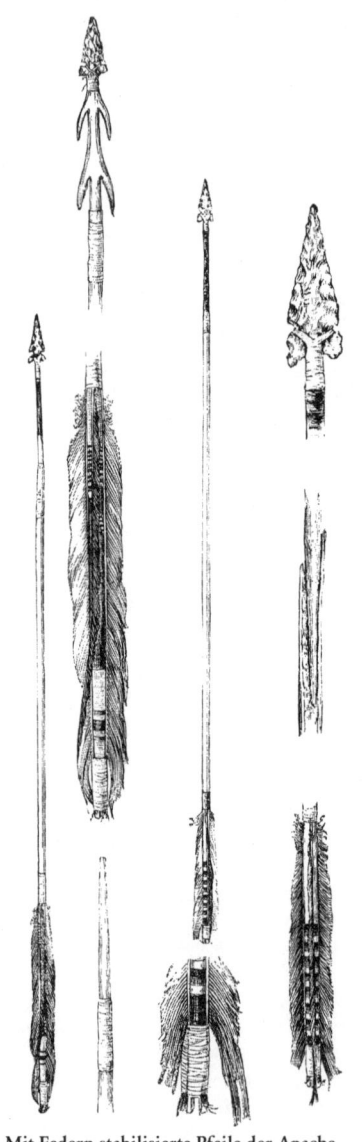

Mit Federn stabilisierte Pfeile der Apache. Die Pfeilspitzen sind noch aus Stein.

beuter waren die seßhaften Bodenbauern auf reichlich Wasser angewiesen, sonst verdorrten ihre Felder nach der Aussaat. „Dieses Problem wurde von den prähistorischen Bewohnern des Südwestens bereits in vielfacher und hervorragender Weise gelöst, so daß bereits vor rund zweitausend Jahren im Südwesten ein intensiver Bodenbau betrieben werden konnte. Die verschiedenen Bewässerungstechniken der vorgeschichtlichen Bewohner des Südwestens sind im wesentlichen bis in die Gegenwart die gleichen geblieben. Man kann drei Formen der Feldbewässerung unterscheiden, die natürlich auch kombiniert vorkommen und je nach den lokalen topographischen Verhältnissen angewendet werden: 1. Kanalbewässerung, 2. Überschwemmung und 3. Sturzwasserfeldbau." (Lindig)

Angebaut wurden vor allem Mais, Kürbisse und Bohnen – wie im nordöstlichen Waldland – sowie u.a. auch Baumwolle. Hervorzuheben ist die Züchtung verschiedener, sehr anspruchsloser, d.h. mit einem Minimum an Feuchtigkeit auskommender Kulturpflanzen (an erster Stelle sind spezielle Maiszüchtungen zu erwähnen, die bis in die heutige Zeit von den Südwestindianern kultiviert werden).

Sämtliche Stämme im Südwesten verstanden es hervorragend, Körbe zu flechten (Spiralwulst- oder Doppelfadentechnik), bei den Pueblo-Indianern war schon in vorspanischer Zeit die echte Weberei bekannt. Die Töpferei dürfte schon seit etwa 3 000 Jahren bei den Bodenbauern bekannt sein.

Die Wildbeuter wohnten in einfachen Windschirmen (bei den Apachen als „wickiup" bezeichnet). Die Navajo lebten im sog. Hogan, einer Art Blockhaus mit acht Ecken und Kuppeldach. Regelrechte Dorfanlagen aus viereckigen Häusern (aufeinandergeschichtete Steine oder Adobe, das sind getrocknete Lehmziegel), die ineinander verschachtelt sind und teilweise mehrstöckige Terrassenbauten ergeben, machen die charakteristische Architektur und für Nordamerika einzigartige Baukunst der Pueblo-Indianer aus.

Zur Sozialstruktur der Pueblo-Indianer sei nur soviel gesagt, daß es große Unterschiede zwischen den westlichen und östlichen Gruppen gab. Die westlichen Pueblo gliederten sich in totemistische, exogame Matriklane (die Verwandtschaftsherleitung wurde also in mütterlicher Folge gerechnet), die östlichen des Rio-Grande-Gebietes übertrugen jedoch ihre politischen und zeremoniellen Aufgaben im Laufe der Zeit den Medizinbünden.

Die Pueblo-Indianer sind ein Paradebeispiel für die Einbindung und Verknüpfung religiöser Vorstellungen und Praktiken in die natürlichen Umweltbedingungen. Der ständigen Sorge um eine ausreichende Wasserversorgung, dem Hauptproblem in dieser regenarmen Gegend des Südwestens, gilt ein Großteil aller Zeremonien. Ausgangspunkt ist – wie auch bei anderen indianischen Kulturen – die Überzeugung einer wechselseitigen Abhängigkeit aller in der Natur existierenden Kräfte. Geraten sie aus dem Gleichgewicht, wird der ursprüngliche Zustand der Harmonie gestört, und Krankheit, Mißernten oder Tod können die Folgen davon

Eisenbahnlinie im Indianerland Arizonas.

sein. „Entsprechend ist es der Zweck ihres Zeremonialsystems, die Harmonie des Universums erhalten zu helfen. Es ist ein mythisch-religiöser Zusammenhang von sich jährlich wiederholenden Ritualen, Tänzen, Vorträgen und Gebeten, so verwickelt, vieldeutig und esoterisch wie kaum sonst in der Welt." (Waters)

Die Zeremonien werden in eigens dafür eingerichteten Kulträumen, den sogenannten Kivas (runde bis rechteckige, in die Erde eingelassene Kammern), äußerst sorgfältig auf die tradierten Vorschriften achtend, vorbereitet. Vorbereitung und Durchführung der Zeremonien ist Sache der Geheimbünde. Sie sind u.a. verantwortlich für Krankenheilung, Regen- und Fruchtbarkeitsmagie. Jeder Geheimbund besitzt eigene Rituale, einen speziellen Zeremonialkalender und seine Priester. Eine Sonderstellung nehmen die Kachina-Bünde ein, in die alle zehn- bis zwölfjährigen Jungen aufgenommen werden (zwecks Einlaß in die Gemeinschaft der Erwachsenen). Mit Ausnahme der Hopi sind Frauen, wenn überhaupt, nur zur Unterstützung bei den Vorbereitungsarbeiten zugelassen. Bei diesen Kachina handelt es sich um Ahnengeister, die vor allem ihren Beitrag für eine gute Ernte leisten sollen (Regenbringer). Die Apache führen vorrangig Zeremonien zur Krankenheilung durch, die jedoch eher direkt auf den Betroffenen selbst abzielen und weniger das Wohl der Gruppe im Sinn haben.

Bei den Navajo kommt der Einfluß der Pueblo-Indianer zur Geltung. Die Zeremonien der Navajo richten sich an eine bestimmte Person, der Heilung und Glück in Aussicht gestellt wird. Verwandte und sonstige Teilnehmer können indirekt davon profitieren. Chants, Lieder voller mythischer Andeutungen, und Sandbilder, auf denen der Kranke sitzt, um mit den „heiligen Wesen" in Verbindung zu treten, sind die wichtigsten Bestandteile im Zeremonialgefüge der Navajo. Für jede Zeremonie gibt es ein entsprechendes Sandbild. Die „heiligen Wesen" repräsentieren große Kräfte, welche die Menschen erschufen.

Die Nordwestküste.

Allgemein wird das Gebiet dieser Indianer zwischen dem Südosten Alaskas und dem Nordwesten Südkaliforniens in der Nord-Süd-Ausdehnung sowie dem relativ schmalen Küstenstreifen zwischen dem Meer (Pazifischer Ozean) und der Coast Range (in Nordkalifornien), bzw. der Cascade Range (in Oregon) und dem heutigen kanadischen Teil des Kordillerengebirges in der Ost-West-Achse angesiedelt. Es wird immer wieder darauf hingewiesen, daß sich durch diese relativ isolierte Lage eine nahezu geschlossene, einheitliche und von äußeren Einwirkungen größtenteils verschont gebliebene Kultur entwickeln konnte, die ganz andere Verhaltensweisen hervorbrachte als die übrigen Indianerkulturen Nordamerikas.

So spielt für die Nordwestküstenindianer die natürliche Umwelt eine nicht minder entscheidende Rolle als bei den Bewohnern des Südwestens. Wir finden im hohen Nordwesten des amerikanischen Kontinents einen stark zergliederten Küstenraum mit unzähligen Fjordeinschnitten und zahlreichen vorgelagerten Inseln. Hier und an den küstennahen Flußläufen, überwiegend inmitten eines sehr feuchten Regenwaldes war – und ist z.T. auch heute noch – das natürliche Siedlungsgebiet dieser Menschen, ein geradezu ideales Ambiente für ein materiell sorgenfreies Leben: Die Küstengewässer, der Nordpazifik und das Süßwasser der Flüsse bieten einen einmaligen Reichtum an Fischen und Seesäugern (u.a. Lachse, Heringe, Heilbutt, Kabeljau, Schellfisch sowie Robben, Delphine, Seelöwen und Wale) – beste Voraussetzungen, eine große Bevölkerung problemlos zu ernähren. Wirtschaftliche Grundlage aller Nordwestküstenindianer ist der Fischfang. Vor allem die jährlich flußaufwärts ziehenden gewaltigen Lachsströme bieten Gelegenheit zum reichen Nahrungserwerb. Enormer Überfluß an Fisch und die Tatsache der saisonal auftretenden Fischschwärme hatten zur Folge, daß Vorratswirtschaft betrieben wurde. Die Fische wurden geräuchert, getrocknet oder eingesäuert und somit haltbar gemacht. Außer den rein ökonomischen Aspekten war die Jagd auf Meersäuger auch sozial bedeutsam. Oft durften nur hochrangige Häuptlinge diese Tiere jagen, ja manche besaßen richtige Erbrechte an Fett und Fleisch der Robben.

Weitere Bestandteile der Ernährung waren Schalentiere und Landtiere, die nur von den Inlandgruppen in größerem Stil gejagt wurden – Karibu, Hirsch, Bergschaf, Bergziege, Bär, Puma, Biber, Otter etc. (Der Otter wurde dann auch zum wichtigen Handelsgut mit den Europäern.) Pflanzliche Nahrung bereicherte, ähnlich wie die Landtierjagd, den Speisezettel – u.a. Beeren, Tang und Camaswurzeln.

Holz war für den umfangreichen und ausgeprägten materiellen Kulturbesitz wie bei keiner anderen indianischen Kultur bestimmend. Douglasien, verschiedene Zedernarten und allen voran der Riesenlebensbaum (Rotzeder), die noch heute großflächig vorkommen, liefern das natürliche Arbeitsmaterial. Neben allerlei kleineren Gegenständen sind die aus Zedernbrettern errichteten Plankenhäuser hervorzuheben, die in der südlichen Region (Versammlungshäuser) über 100 m lang waren. Die ganze Hauskonstruktion wurde ohne Nägel und Pflöcke bewerkstelligt und lediglich durch Kerbungen und Verzapfungen stabilisiert. Außerordentliche Holzarbeiten stellen auch die großen Wappenpfähle und die – bei den Haida über 20 m langen – Kanus dar. Die großen Bäume waren somit die bestmögliche Vorbedingung einer einmaligen holzverarbeitenden Kunst.

Die Indianer dieser Region lebten in kleinen Dörfern, deren Häuser auf erhöhten Uferböschungen standen. Bei den Indianern dieser Küstenregion handelte es sich zumeist um sprachliche Gruppen ohne oberste politische Autorität. Diese Gruppen teilten sich in verschiedene Untergruppen auf, die aus mehreren Dörfern bestanden. Überwiegend war das jeweilige Dorf eine Klangemeinschaft. Die Klandörfer waren politisch autonom. Die Abstammung wurde bei allen nördlichen und zentralen Gruppen unilinear, im Süden bilateral berechnet. Im Norden zählten sich die drei Gruppen der Tlingit, Haida, Tsimshian zur Familie der Mutter. Name, soziale Position, Anspruch auf öffentliche Ämter und der materielle Besitz stammen demnach aus der Linie der Mutter.

Neben den Verwandtschaftsstrukturen gab es Rangklassen, die auf

Indianerin der Hesquiat sammelt Wurzeln.

Erbschaft und Besitz basierten. Diese Privilegien mußten aber durch Reichtum bestätigt werden. So entschieden Besitz/Reichtum die soziale Stellung eines Nordwestküstenindianers. Grundsätzlich kann man sagen, daß der Reichtum die Position aufrechterhielt oder gar verbesserte, wobei die Angehörigen einer Lineage mitbetroffen waren und mithalfen, das gemeinsame Ziel zu erlangen: den Prestigezuwachs eines Angehörigen.

Wenn man schon den Ausdruck „Häuptling" benutzt, so muß er auf die Anführer von Großfamilien, Lineages und bestenfalls Einheiten mehrerer Dörfer beschränkt werden. Dieses Amt war erblich. Neben der Klasse der Vornehmen – den nächsten

Verwandten des Führers – gab es noch die sog. Gemeinen, die entfernter mit seiner Familie verwandt waren. Ganz unten auf der sozialen Stufenleiter standen die Sklaven (normalerweise Kriegsgefangene, die sich jedoch freikaufen konnten).

Die Besonderheit im gesellschaftlichen Gefüge dieser Indianer war der „Potlatch". Das Wort Potlatch stammt aus dem Chinook (verbreitetste Verkehrs- und Handelssprache zwischen Vancouver und Nordkalifornien) und bezeichnet die diversen Geschenkverteilungsfeste. Sie sind zu einer Art Leitmotiv für diese Kulturregion geworden und über den eigentlich ethnologischen Bereich hinaus bekannt. U.a. veranstaltete man Potlatchfeste bei Amtsübernahmen, Rangerhöhungen, Gedächtnisfeiern Verstorbener, Namensgebungen, der ersten Menstruation, der Aufnahme in einen Geheimbund (insb. bei den Kwakiutl auf Vancouver Island), der Errichtung von Wappenpfählen, Heiraten und Begräbnissen. Die Vorbereitungen für diese Feste dauerten manchmal – bei besonders aufwendigen Gelegenheiten – Jahre, um alle notwendigen Geschenke beisammen zu haben. Die erforderlichen Güter wurden eingehandelt oder gegen sehr hohe Zinsen gekauft. Die Geschenke verteilte man an die zur Feier geladenen Gäste oder zerbrach sie während eines „Kampfes" zwischen zwei konkurrierenden Häuptlingen, verbrannte sie oder warf sie ins Meer. Manchmal wurden sogar Sklaven getötet, um so seinen Reichtum zu demonstrieren. Wollte er sich keiner Demütigung aussetzen, mußte der bezwungene Gegner einige Zeit später ebenfalls ein Potlatchfest veranstalten. Er bemühte sich dabei nach Kräften, die gewaltigen „Taten" seines damaligen Gastgebers zu übertreffen, sprich, noch mehr Geschenke zu überreichen und noch mehr Gegenstände von Wert zu vernichten. Trotz eventueller Schulden lohnte es sich, ein Potlatchfest auszurichten, denn maßgebend waren Ehre und Sozialprestige. Hinzu kommt noch die kooperative und integrative Komponente des Potlatch, „indem alle Mitglieder der Gruppe des Veranstalters mitbeteiligt waren. Jeder trug dazu bei, spendete Geschenke, beteiligte sich an den Vorbereitungen (Nahrungsbeschaffung, Eintausch von Gütern) und trat während der Zeremonien entsprechend seinem Rang auf. Durch die Teilnahme am Potlatch wurde er als Mitglied der Gruppe bestätigt." (Lindig)

Prägend für die Nordwestküstenindianer ist der Glaube an die Unsterblichkeit bestimmter Tierarten – primär des Lachses – und an Geister. So gab es Tierbeschwörungs- und -besänftigungsriten, die insbesondere während Gruppenzeremonien praktiziert wurden. Die Indianer suchten den Kontakt mit den Geistern und fanden ihn auch in Träumen oder nach Fastenzeiten und anderen Reinigungsriten im Zustand der Trance. Der Geist konnte als wertvollste Macht die Fähigkeit, Kranke zu heilen, schenken. So konnte auch ein einfacher Mann eine angesehene Stellung in der Gemeinschaft erringen. In der Zentralregion gab es jedoch neben den beschriebenen Verwandtschaftsgruppen und Rangklassen auch Geheimbünde.

Michael Meppiel

Wenn Indianer sprechen...

„Wo immer der Weiße Mann die Erde berührt hat, ist sie wund." Trotz ihrer Verbitterung haben die Indianer geduldig versucht, ihre Kultur, ihr Denken und ihre gegenwärtige Lebenslage darzustellen und ihre Reaktionen verständlich zu machen...

Red Cloud, Anführer der Oglala.

Häuptling Dan George, erblicher Häuptling der Coast Salish und Ehrenhäuptling der Squamish in British Columbia, hielt im Jahre 1967 in Vancouver anläßlich des hundertjährigen Jubiläums des Staates Kanada folgende Rede:

Wie lange kenne ich dich schon, o Kanada? Seit hundert Jahren? Ja, seit hundert Jahren. Und viele, viele weitere „seelanum". Und heute, da du deine hundert Jahre feierst, o Kanada, fühle ich Trauer für alle Indianer in diesem Land.

Denn ich habe dich gekannt, als deine Wälder mir gehörten, als sie mir Fleisch und Kleidung lieferten. Ich habe deine Bäche und Ströme gekannt, in denen deine Fische aufblitzten und im Sonnenschein tanzten, und wo die Wasser sagten: Komm, komm und iß von meinem Überfluß! Ich habe die Freiheit deiner Winde gekannt. Und mein Geist schweifte einst, den Winden gleich, über dein gutes Land.

Doch in den langen hundert Jahren, seit der Weiße Mann kam, sah ich meine Freiheit so geheimnisvoll verschwinden wie den Lachs, der ins Meer zieht. Die seltsamen Bräuche des Weißen Mannes, die ich nicht verstehen konnte, bedrückten mich, bis ich nicht mehr atmen konnte.

Als ich kämpfte, um mein Land und mein Heim zu schützen, wurde ich als Wilder bezeichnet. Als ich die neue Lebensweise weder verstand noch willkommen hieß, nannte man mich faul. Als ich versuchte, mein Volk zu regieren, beraubte man mich meiner Macht.

In deinen Geschichts-Lehrbüchern wird mein Volk nicht erwähnt – es ist in der Geschichte Kanadas kaum wichtiger als die Büffelherden, die durch die Prärie zogen. In deinen Schauspielen und Filmen wurde ich verlacht; wenn ich dein Feuerwasser trank, wurde ich betrunken, sehr, sehr betrunken. Und ich vergaß.

O Kanada, wie kann ich diese Hundertjahrfeier mit dir feiern, diese hundert Jahre? Soll ich dir für die Reservate danken, die mir von meinen schönen Wäldern geblieben sind? Für die in Büchsen verlöteten Fische meiner Flüsse? Für den Verlust meines Stolzes und meines Ansehens selbst bei meinem eigenen Volk? Dafür, daß mein Wille, zurückzuschlagen, gebrochen wurde? Nein, ich muß vergessen, was vorbei und vergangen ist.

Der Häuptling Luther Standing Bear, geboren 1868, verlebte seine frühe Kindheit in der Prärie von Nebraska und South Dakota. Mit elf Jahren war er einer der ersten „Studenten", die die 1879 gegründete Indianerschule in Carlisle/Pennsylvania besuchten. (...) In einem Bericht spricht der Häuptling von den Lakota, einem westlichen Stamm der Prärie-Indianer, die jetzt als Sioux bekannt sind. (Die östlichen Gruppen nannten sich Dakota.)

Der Lakota-Indianer war ein echter Sohn der Natur, er liebte sie, die Erde und alles, was auf ihr lebte. Diese Zuneigung steigerte sich im Alter. Alte Leute verehrten den Boden geradezu, und in dem Gefühl, einer mütterlichen Macht nahe zu sein, saßen oder lagen sie auf der Erde, so oft sie konnten. Es tat der Haut gut, die Erde zu berühren; und die alten Leute gingen gern mit bloßen Füßen über den heiligen Erdboden. Sie errichteten ihre Zelte auf der Erde und bauten ihre Altäre aus Lehm. Die Vögel, die durch die Luft flogen, ließen sich auf der Erde nieder; sie war der letzte Ruheplatz aller Lebewesen, der Menschen, Tiere und Pflanzen. Die Erde beruhigte und stärkte, reinigte und heilte.

Aus diesem Grund sitzt auch der alte Indianer noch immer auf der Erde, anstatt sich irgendwo höher zu betten, getrennt von den Leben spendenden Kräften. Auf der Erde zu sitzen oder zu liegen bedeutet für ihn, schärfer denken zu können und tiefer zu fühlen; dort kann er die Geheimnisse des Lebens klarer deuten und empfindet nahe Verwandtschaft mit den anderen Lebewesen um sich her...

Verwandtschaft mit allen Lebewesen der Erde, des Himmels und des Wassers zu fühlen, war ein aufrichtiger und wichtiger Grundsatz im Leben der Lakotas. Sie achteten Tiere und Vögel wie Brüder und Schwestern und begegneten ihnen ohne jede Furcht. Manche Lakotas fühlten sich ihren gefiederten und Pelz tragenden Nachbarn so nahe, daß sie die Sprache der wilden Geschöpfe verstehen konnten.

Der alte Lakota war weise. Er wußte, daß fern von der Natur das Herz des Menschen verhärtet; und er wußte: wer Pflanzen und Tiere nicht achtet, wird auch bald seine Achtung vor den Menschen verlieren. Deshalb sah er darauf, daß die jungen Leute sich dem besänftigenden Einfluß der lebendigen Natur nicht entzogen.

Als Kind besuchte Häuptling Luther Standing Bear die „weiße" Schule in Carlisle: „Ich erinnere mich, daß auf unserem Weg zur Carlisle-Schule – weil wir glaubten, der Tod aus der Hand der Weißen stehe uns bevor – die älteren Jungen mutige Lieder sangen, damit wir alle dem Tod gemäß den Vorschriften der Lakotas gegenüberträten – ohne Furcht... Das mutige Lied sollte uns stärken, um jede Schicksalsprüfung tapfer zu bestehen und schwache Gemüter zu stützen." In einem Abschnitt aus seiner Autobiographie „Land of the Spotted Eagle" spricht er von diesem Leid und von einigen Sitten der Weißen, die von den Indianern als beleidigend oder als schädlich empfunden wurden.

Die Kleidung des Weißen Mannes, die von den Lakotas übernommen wurde, widersprach oft den körperlichen Bedürfnissen und dem Wohlbefinden meines Volkes, und in der Carlisle-Schule, wo wir unsere Stammeskleidung plötzlich und ohne Übergang gegen die des Weißen eintauschen mußten, zeigte sich ein beträchtlicher Einfluß auf die Gesundheit und das Behagen unserer Kinder. Unser Groll richtete sich zunächst gegen den Haarschnitt. Bei den Lakota ist es immer Brauch gewesen, daß die Männer ihr Haar lang trugen, und alte Stammesgenossen haben noch immer lange Haare. Als wir zum ersten Mal von dem Brauch der Weißen hörten, sprachen sich ein paar ältere Jungen dafür aus, sich gegen die kurze Haartracht der Weißen zu wehren. Doch sie fügten sich, als sie die Sinnlosigkeit ihres Widerstandes einsehen mußten. Aber noch viele Tage nachdem wir geschoren worden waren, fühlten wir uns fremd und unbehaglich. Wenn das Argument zutraf, daß man die Jungen nur entlausen wolle –, warum mußten sich dann die Mädchen nicht der gleichen Prozedur unterziehen? Der eigentliche Grund war, daß wir verändert und angepaßt werden sollten. Und da kurzes Haar beim Weißen Mann als Kennzeichen für Vornehmheit galt, wurde uns dieses Siegel aufgedrückt, obwohl der Weiße doch noch an seiner Sitte festhielt, einen Teil seines Gesichts von Haarwuchs bedecken zu lassen.

Unser nächster Groll galt den Hosen: Wie wir meinten, hatten wir die besseren hygienischen Gründe auf unserer Seite. Unser Körper war gewöhnt, ständig in Sonne, Luft und Regen zu baden, und unsere Poren – die in Wirklichkeit natürliche, hochentwickelte Atmungswerkzeuge sind –, konnten unter den Hosen aus schwerem, schweißaufsaugendem Stoff nicht arbeiten. Unsere Qual wurde noch durch die schlimmste aller Torturen verstärkt: durch Unterwäsche aus rotem Flanell! Für die steifen Kragen, die Oberhemden mit steifer Hemdbrust und die Melone auf dem Kopf wäre jedes lobende Wort fehl am Platz, und die schweren, quietschenden Lederstiefel waren vollendete Folterwerkzeuge, die wir ertrugen, weil wir glaubten, mit ihnen seien wir „gesellschaftsfähig angezogen". Sehr oft wurden wir wegen unserer Stammeskleidung ausgelacht; aber kann man irgend eine der Sachen, die wir trugen, mit der unüberbietbaren Albernheit der Stahlstangen-Korsetts und der riesigen Tournüre vergleichen, zu der sich unsere Mäd-

Chief Joseph, Anführer der Nez Percé,
der einen letzten Fluchtversuch aus dem Reservat leitete.

Reservatschule der Omaha in Nebraska.

chen nach einigen Jahren in der Schule der Weißen bekehren ließen?

Gewisse kleine Gewohnheiten stehen im Zusammenhang mit umfassenderen, tieferen Ideen, und aus Gründen dieser Art mißfiel den Lakotas das Taschentuch: sie ekelten sich davor, diesen Toilettenartikel der Weißen zu gebrauchen. Der Indianer, der ja fast nur im Freien lebte, hatte keine Verwendung für ein Taschentuch. Er war gegen Erkältungen so gut wie gefeit. Der Weiße Mann, der vor allem ein Stubenhocker war, war anfällig für Erkältungen und ähnliche Krankheiten. Bei ihm war das Taschentuch ein notwendiger Toilettenartikel. Es leuchtet also ein, warum die Indianer das Tragen eines Taschentuchs als unhygienische Gewohnheit verurteilten.

Nach Ansicht des Weißen kehrt der Indianer, wenn er sich entscheidet, Kleidung und Bräuche seines Stammes wieder aufzunehmen, „zur Decke zurück". Das stimmt, doch die „Rückkehr zur Decke" ist gerade der Faktor, der ihn vor der endgültigen Vernichtung gerettet oder sie zumindest verlangsamt hat. Wäre der Geist des Indianers so völlig unterjocht worden wie sein Körper, dann wäre er schon im ersten Jahrhundert seiner Unterwerfung ausgelöscht worden. Doch da sein Geist sich nicht betäuben ließ, konnte der Indianer sich der völligen Ausrottung durch die Weißen so lange widersetzen: das Festhalten an indianischen Bräuchen, indianischem Denken und an der Tradition unseres Volkes hat ihn gestützt. Die Bräuche des Weißen Mannes waren dem Indianer fremd, und vieles von dem, was er sich anzueignen versuchte, hat sich als verheerend erwiesen und ihn furchtbar gekränkt. Hätte der Indianer die betrügerische Schmeichelei seines Unterdrückers rechtzeitig erkannt und seine eigene angeborene Wahrheit beibehalten können, hätte er Whisky und Krankheiten vermieden und wäre er ein Sinnbild an Gesundheit und Kraft geblieben, das er ehemals war, dann wäre er vielleicht ein anerkannter Mann, statt wie eine Geisel in einem Reservat zu sitzen. Doch manch ein Indianer konnte sich nur deshalb retten und in Würde überleben, weil er „wieder zur Decke zurückkehrte". Die Wolldecke des Indianers und die Büffeltracht sind ein typisch amerikanisches Gewand. Sie wurden mit Stolz getragen, so, wie die Weißen ihre Fahnen tragen, und sie umhüllten das Urbild des amerikanischen Indianers, der einer der tapfersten Kämpfer für die wahren Werte von Freiheit und Menschenwürde war.

Einen Mann falsch zu bekleiden, bedeutet nur, seinen Geist zu verwirren und ihn widersinnig und lächerlich erscheinen zu lassen, daher meine flehentliche Bitte an den amerikanischen Indianer, seine Stammestracht beizubehalten.

Hehaka Sapa oder Black Elk gehörte der Oglala-Gruppe der Teton-Dakota an, einem der stärksten Zweige der Sioux-Familie. Geboren wurde er 1863 „im Mond der krachenden Bäume" (Dezember) am Kleinen Powder River, „als die Vier Krähen getötet wurden". Da er mit dem großen Häuptling Crazy Horse verwandt war, kannte er auch Sitting Bull und Red Cloud und wußte viel von der Geschichte seines Volkes. Er nahm an der Schlacht am Little Big Horn teil. (...)

Der folgende Text stammt aus seiner Autobiographie, die er Flaming Rainbow in den Jahren 1930/31 diktierte. Das Symbol des Kreises, auf das hier und in den folgenden Passagen hingewiesen wird, spielt im Leben der Indianer eine wichtige Rolle.

Ihr habt bemerkt, daß alles, was ein Indianer tut, sich in Kreisläufen vollzieht. Das geschieht, weil die Kräfte des Himmels und der Erde auch in Kreisen wirken und weil alles versucht, rund zu sein. In den alten Zeiten, als wir eine starke und glückliche Nation waren, schöpften wir alle Kraft aus dem heiligen Ring des Volkes, und solange der Ring unverletzt war, gedieh unser Volk. Der blühende Baum war der lebendige Mittelpunkt des Ringes, und der Kreis der vier Windrichtungen nährte ihn. Der Osten verlieh Frieden und Licht, der Süden Wärme, der Westen brachte Regen und der Norden mit seinen kalten und heftigen Winden Stärke und Ausdauer. Wir wissen davon, weil unsere Religion uns von der jenseitigen Welt erzählt. Alle Kräfte der Welt wirken in Kreisen. Der Himmel ist rund, und wie ich hörte, ist die Erde rund wie eine Kugel, und ebenso alle Sterne. Wenn der Wind am heftigsten weht, bildet er runde Wirbel. Die Vögel bauen ihre Nester kreisrund, denn sie haben die gleiche Religion wie wir. Die Sonne geht in einem Kreis auf und wieder unter. Der Mond macht es ebenso, und beide sind rund.

Sogar der Wechsel der Jahreszeiten bildet einen großen Kreis und kehrt immer wieder dorthin zurück, wo er begann. Das Leben der Menschen ist ein Kreis – von der Kindheit zur Kindheit –, und so ist es mit allem, worin sich die Kraft der Welt regt. Unsere Tipis waren rund wie die Nester der Vögel, und immer waren sie in einem Kreis aufgestellt, dem Ring eines Stammes, einem Nest aus vielen Nestern, in dem nach dem Willen des Großen Geistes unsere Kinder geboren wurden.

Im November 1969 besetzte eine Gruppe von Indianern die Insel Alcatraz, das ehemalige Gefängnisgelände, wo sich nur wenige Wächter aufhielten. Die Indianer weigerten sich, den Befehlen der Regierungsbeamten Folge zu leisten und die Insel zu verlassen; im Juni 1971 wurden sie gewaltsam vertrieben. Die folgende Darlegung begründet ihren Anspruch auf die Insel.

Bekanntmachung: An den Großen Weißen Vater und sein ganzes Volk. Wir, die eingeborenen Amerikaner, fordern das als Alcatraz-Insel bekannte Land im Namen aller amerikanischen Indianer zurück, und zwar mit dem Recht der Entdecker.

Wir wünschen, unsere Beziehungen zu den kaukasischen Einwohnern dieses Landes gerecht und ehrenhaft zu gestalten und bieten hiermit folgenden Vertrag an:

Wir wollen die genannte Insel Alcatraz für vierundzwanzig Dollar, zahlbar in Glasperlen und rotem Flanell, kaufen – entsprechend dem Präzedenzfall von vor etwa dreihundert Jahren beim Erwerb einer ähnlichen Insel durch den Weißen Mann. Wir wissen, daß 24 Dollar in Handelswaren für diese sechzehn Morgen Land den Preis übersteigen, der für die Insel Manhattan bezahlt wurde; aber wir wissen auch, daß der Wert von Grundstücken im Laufe der Jahre gestiegen ist. Unser Angebot von 1,24 Dollar pro Morgen ist weit höher als die 47 Cents, die der Weiße Mann heute den kalifornischen Indianern zahlt. Wir wollen den Bewohnern dieser Insel einen Teil des Landes als Eigentum geben. Er soll vom Ministerium für Amerikanisch-Indianische Angelegenheiten und vom Büro für Kaukasische Angelegenheiten verwaltet werden. Der Vertrag ist unbefristet und soll gelten, solange die Sonne aufgehen wird und die Flüsse sich ins Meer ergießen. Ferner wollen wir die Bewohner in der rechten Art zu leben unterweisen. Wir wollen ihnen unsere Religion, unsere Erziehung und unsere Sitten anbieten, um ihnen dadurch zu helfen, die Höhe unserer Zivilisation zu erlangen und sie und all ihre weißen Brüder aus dem unglücklichen Zustand von Wilden zu befreien. Diesen Vertrag bieten wir nach bestem Wissen und Gewissen an und wünschen, gerecht und ehrenhaft in unseren Beziehungen gegenüber allen weißen Männern zu sein...

Wir finden, daß diese sogenannte Alcatraz-Insel sehr geeignet für ein Indianer-Reservat ist, gemessen an den Richtlinien des Weißen Mannes. Damit meinen wir, daß dieses Land den meisten Indianer-Reservaten gleicht, nämlich:

1. Es ist von allen modernen Einrichtungen abgeschnitten und ohne angemessene Transportmittel.
2. Es gibt kein fließendes frisches Wasser.

WENN INDIANER SPRECHEN... 153

Am 31. 10. 1980, einige Tage vor der Präsidentenwahl, versucht Ronald Reagan die Stimmen der indianischen Minderheit zu gewinnen.

3. Es gibt nur unzureichende sanitäre Anlagen.
4. Seine Bewohner haben keinerlei Rechte an Öl- oder Mineral-Vorkommen.
5. Es gibt keine Industrie, daher herrscht große Arbeitslosigkeit.
6. Es gibt kein Gesundheitsamt.
7. Der Boden ist steinig und unfruchtbar und bietet nicht einmal ausreichende Lebensbedingungen für die genügsamsten Wildarten.
8. Es gibt keinerlei Schulen oder andere Bildungsmöglichkeiten.
9. Die Bevölkerungsdichte sprengte stets den zur Verfügung stehenden Wohnraum.
10. Die Bewohner wurden immer wie Gefangene behandelt und in Abhängigkeit von anderen gehalten.

Darüber hinaus wäre es angemessen und hätte eine symbolische Bedeutung, wenn die Schiffe aus aller Welt bei ihrer Einfahrt ins Golden Gate zuerst Indianerland erblicken und dadurch an die wahre Geschichte dieses Volkes erinnert würden. Diese kleine Insel stünde dann als Symbol für die weiten Gebiete, die ehemals von freien und edlen Indianern regiert wurden.

Im vergangenen Jahr begann die Peabody Coal Company, eine Tochtergesellschaft der Kennecott Copper Company, Kohlenlager auf den 65 000 Morgen Land freizulegen, die sie von den Navajo- und Hopi-Stämmen gepachtet hatte. Die Angestellten der Gesellschaft erklärten, daß dieser Bergwerksbetrieb den indianischen Grund und Boden nicht beschädigen, sondern vielmehr das Leben vieler Navajos und Hopis verbessern würde. Eine Gruppe von Hopi-Indianern schrieb daraufhin folgenden Brief an den Präsidenten Mr. Nixon, der ihre oppositionelle Haltung begründete:

Sehr geehrter Herr Präsident,
wir, die wahren und traditionellen religiösen Führer, und als solche vom Volk der Hopi anerkannt, bestehen auf voller Verfügungsgewalt über alles Land und Leben auf der westlichen Hemisphäre dieses Kontinents. Unser Amt als Verwalter dieses Landes wurde uns dank unseres Wissens vom Sinn der Natur, des Friedens und der Harmonie verliehen, so, wie es unserem Volk von IHM verkündet wurde, den wir Massau'u, Großer Geist, nennen, und der uns vor Urzeiten die heiligen Steintafeln schenkte, die wir bis auf den heutigen Tag aufbewahren. Viele Generationen vor dem Kommen des Weißen Mannes und viele Generationen vor dem Kommen der Navajos hat das Hopi-Volk in dem heiligen Land gelebt, das Ihnen als der Südwesten bekannt ist – und uns als das geistige Zentrum unseres Kontinents. Die Kinder des Hopi-Volks, die dem Pfad des Großen Geistes gehorsam folgten, sind im Besitz einer Botschaft, die wir erhielten und die wir Ihnen übermitteln sollen.

In seinem Unverständnis von den Wegen der Natur hat der Weiße Mann das Gesicht der Mutter Erde geschändet. Das fortgeschrittene technologische Können des Weißen Mannes ergab sich, weil er den Weg der Seele und das Verhalten aller lebendigen Geschöpfe mißachtet. Die Gier des Weißen Mannes nach materiellem Besitz und nach Macht hat ihn blind gemacht für den Schmerz, den er der Mutter Erde auf seiner Suche nach dem zugefügt hat, was er Naturschätze nennt. Und der Pfad des Großen Geistes war für die meisten Menschen kaum noch zu erkennen, sogar für viele Indianer nicht, die es vorzogen, dem Pfad des Weißen Mannes zu folgen...

Heute wird das heilige Land, wo die Hopis leben, von Männern entweiht, die Kohle und Wasser auf unserem Grund und Boden suchen, um mehr Energie für die Städte des Weißen Mannes zu gewinnen. Diesem Treiben muß Einhalt geboten werden; denn wenn die Weißen das Land weiter so behandeln, wird unsere Mutter Natur sich auf eine Weise wehren, die für fast alle Menschen Leid bedeutet – und das Ende einer Lebensweise, die sie bisher gewohnt waren. Der Große Geist sagte, wir dürften das nicht zulassen, wie es auch schon unseren Vorfahren vorausgesagt wurde. Der Große Geist sagte, man dürfe die Erde nicht angreifen und lebende Geschöpfe nicht zerstören. Der Große Geist Massau'u sagte, der Mensch solle in Harmonie leben und für alle noch kommenden Kinder ein gutes, sauberes Land erhalten. Alle Hopi-Leute und andere indianische Brüder vertreten diesen religiösen Grundsatz, und die Bewegung „Traditional Spiritual Unity" bemüht sich heute darum, das Interesse aller Indianer im ganzen Land neu für die Gesetze der Natur und ihren religiösen Ursprung zu wecken. Die Regierung hat die Grundlagen unserer Religion fast zerstört, die für uns wirklich die Gesetze verkörperte, nach denen unser ganzes Volk im Land des Großen Geistes leben sollte.

Heute sind fast alle Voraussagen in Erfüllung gegangen. Große Straßen ziehen wie Ströme durch das Land; durch die Spinnenfäden des Telefons spricht der Mensch zum Menschen; über die Straßen des Himmels reist der Mensch in seinen Flugzeugen; zwei große Kriege sind von denen geführt worden, die das Hakenkreuz oder das Zeichen der aufgehenden Sonne trugen; der Mensch vergreift sich am Mond und an den Sternen. Die meisten Menschen sind abgewichen von dem Pfad, den uns der Große Geist gezeigt hat. Denn Massau'u allein ist groß genug, um den Weg zurück zu IHM zu beschreiben.

Der Große Geist hat verkündet, wenn ein Flaschenkürbis voll Asche auf die Erde geworfen würde, müßten viele Menschen sterben, und das Ende unseres bisherigen Lebens sei nahe. Wir deuten diese Prophezeiung als den Abwurf von Atombomben auf Hiroshima und Nagasaki. Wir wollen nicht, daß dergleichen noch einmal irgendeinem Land oder Volk widerfährt. Wir sollten statt dessen all diese Energie für friedliche Zwecke nutzen und nicht für den Krieg einsetzen.

T.C. McLuhan: *„Wie der Hauch eines Büffels im Winter"*

Indianer heute

Heute stehen die Indianer am Scheideweg zwischen ihrer alten, besiegten Kultur und der nordamerikanisch-westlichen Zivilisation. Die Folgen der Entwurzelung sind Arbeitslosigkeit, Alkoholismus, hohe Kriminalität und eine Reihe von Konflikten um Landbesitz zwischen den einzelnen Stämmen, bzw. zwischen Indianern und der Regierung der USA.

Um die Probleme der Indianer lösen zu können, haben sich viele von ihnen in der Indianerbewegung zusammengeschlossen, deren aktivste und öffentlichkeitswirksamste Zeit in den Jahren zwischen 1972 und 1983 lag.

Der „Trail of Broken Treaties" und die lokalen, teilweise erfolgreichen Kämpfe um vertraglich zugesichertes Land veranlaßten weitere Indianer, nicht länger in der jahrzehntelangen Lethargie zu verweilen, sondern sich aktiv für die Veränderung der eigenen Situation einzusetzen. So kam es wenige Monate nach dem Ende des „Trail of Broken Treaties" zu der Aktion, die wie kaum eine andere der Weltöffentlichkeit gezeigt hat, daß es noch Indianer außerhalb der Hollywood- und Karl-May-Klischees gibt: die Besetzung der Kirche des kleinen Ortes Wounded Knee in der von Oglala-Sioux bewohnten Pine-Ridge-Reservation, Süd-Dakota; bekannt auch als „Wounded Knee II". Der Ort war vorher in erster Linie Historikern ein Begriff, denn dort fand am 29. Dezember 1890 das letzte große Massaker an nordamerikanischen Indianern statt.

Im Gegensatz zur Besetzung von Alcatraz oder dem „Zug der gebrochenen Verträge" war diese Aktion nicht langfristig geplant worden, sondern das Ergebnis der alltäglichen Repressionen gegen die Indianer. Das Ausmaß der für die Indianer üblichen Probleme – Arbeitslosigkeit, Alkoholismus, Kriminalisierung – war auf Pine Ridge besonders groß. Zudem trugen die vom Bureau of Indian Affairs (BIA) kontrollierte Stammespolizei und die Stammesregierung dazu bei, jegliche Selbsthilfeversuche der Indianer im Keim zu ersticken.

Mitglieder des American Indian Movement (AIM), eine Bewegung ohne feste Organisation, zu der jeder gehört, der sich dazu bekennt, kamen nach Pine Ridge, um den Bewohnern gegen die Willkür der Stammesbehörden zu helfen. Nachdem Pressekonferenzen und politische Aktivitäten wie ein Mißtrauensantrag gegen den selbstherrlich regierenden Vorsitzenden des Stammes, Richard Wilson, erfolglos blieben – Wilson selbst führte den Vorsitz in dem Untersuchungsausschuß, der seine Machenschaften ans Licht bringen sollte –, entschlossen sich die Aktivisten in der Nacht vom 26. zum 27. Februar 1973,

Besetzung von Wounded Knee durch AIM 1973.

die Kirche in dem historischen Ort Wounded Knee zu besetzen. Bereits wenige Stunden nach der Besetzung war der Ort von FBI-Beamten abgeriegelt. Mit der Polizei kamen jedoch unerwartet viele Journalisten und Reporter, die durch ihre Anwesenheit eine militärische Lösung vereitelten. Die Forderungen der Indianer waren: Überprüfung der BIA-Akten, die sich mit den Oglala und deren Land befassen; Untersuchung der 371 zwischen den USA und den indianischen Nationen geschlossenen und gebrochenen Verträge; Ablösung des vom BIA abhängigen Stammesrats.

Die Besetzung dauerte bis zum 8. Mai; sie endete als militärische Niederlage für die Indianer, die die Besetzung aufgaben; politisch und für die Bewegung bedeutete sie jedoch einen Sieg. Die Weltöffentlichkeit hatte zum ersten Mal erfahren, in welcher Situation sich die Ureinwohner Amerikas wirklich befinden. Viele Indianer hatten gemerkt, daß sie sich selbst helfen können – auch gegen ihre eigenen Leute, die als BIA- oder Stammesratsangehörige die Interessen der weißen Regierung vertreten. Der Prestige- und Einflußverlust für diese „Apfel-Indianer" (außen rot – innen weiß) war eines der wichtigsten Resultate der Besetzung von Wounded Knee. Wilson selbst wurde schließlich am 27. Januar 1976 als Vorsitzender des Stammesrats abgewählt.

Die Prozesse gegen acht Wounded-Knee-Aktivisten begannen am 8. Januar 1974, mußten jedoch bereits am 1. Juli eingestellt werden, da die Bestechung von Zeugen durch das FBI aufgedeckt wurde. Am 16. September wurden die Hauptanklagepunkte fallengelassen. Eine Manipulation dieser aufsehenerregenden Prozesse war wegen der interessierten Öffentlichkeit nicht leicht möglich – um so mehr wurden jedoch weniger bekannte indianische Bürgerrechtler kriminalisiert: zum Beispiel Yvonne Wanrow, eine Frau vom Stamm der Colville und Mutter dreier Kinder. Als ein bekannter weißer Sittlichkeitsverbrecher, der bereits wegen Kindesmißhandlung verurteilt worden war, in ihr Haus einbrach und eines ihrer Kinder anfiel, erschoß sie ihn in Panik. Deswegen wurde sie am 13. Mai 1973 zu 25 Jahren Gefängnis verurteilt. Aufgrund internationaler Proteste gegen das offensichtliche Unrecht wurde sie später „begnadigt". Die Cherokee-Frau Joanna LeDeaux, auch Mutter zweier Kinder, wurde während einer erneuten Schwangerschaft monatelang inhaftiert, weil sie sich weigerte, bei einer polizeilichen Ermittlung auszusagen. Der Sioux-Medizinmann Leonard Crow Dog, einer der Besetzer von Wounded Knee, wurde am 5. September 1975 verhaftet, angeblich wegen „tätlichen Angriffs mit Körperverletzung". Crow Dog hatte zwei weiße Eindringlinge, die vom FBI geschickt worden waren, von seinem Anwesen gejagt. Die Anklage erwies sich als haltlos; darum entschloß sich Amnesty International in Schweden, Crow Dog als politischen Gefangenen zu adoptieren. Eine breite internationale Unterstützung aus allen Teilen der Welt trug schließlich mit zu seiner Entlassung bei.

Das vierte Beispiel für die Kriminalisierung aktiver Indianer ist Leonard Peltier, der am 27. Juli 1975 zwei FBI-Angestellte erschossen haben soll. Obwohl bekannt ist, daß die Zeugen, auf die sich die Anklage stützte, erpreßt worden waren, wurde Peltier zu zweimal lebenslänglich Gefängnis verurteilt. In seinem Fall ist die breite Empörung und Unterstützung bislang ohne Erfolg geblieben; Peltier sitzt bis heute im berüchtigten Hochsicherheitstrakt von Marion, Illinois. Diese vier Fälle stehen exemplarisch für viele andere Versuche der Kriminalisierung von Indianern, die es wagen, für ihre Rechte zu kämpfen.

Doch diese Praktiken haben die neue Bewegung nicht schwächen können; im Gegenteil, sie erzeugten eine Welle der Solidarisierung und weitere Aktionen verschiedener Gruppen in allen Teilen des Landes. So besetzten fünfzig Menominee-Indianer am 1. Januar 1975 ein leerstehendes Kloster am Red River, Wisconsin. Sie wollten dort ein Krankenhaus errichten. Die Verhandlungen verliefen für die Indianer außerordentlich erfolgreich: Zwar stimmten sie der Räumung des besetzten Gebäudes zu, doch im Gegenzug wurde ihnen ein knapp 100 000 ha großes Landstück urkundlich überschrieben. (...)

Nicht nur militante Aktionen sorgten innerhalb der Indianergemeinden für eine Rückbesinnung auf ihre eigene Kultur und ihre eigene Geschichte. Parallel zu den aufsehenerregenden Aktivitäten entwickelten indianische Gemeinden Selbsthilfeprojekte, die zwar weniger spektakulär, aber für die Bewegung genauso wichtig sind.

1971 gründeten Indianer in Kalifornien die Deganawidah-Quetzalcoatl-Universität, genannt „D-Q-U-Universität". Sie war die erste von

Rebellierende Indianer werden am 4. 2. 1975 aus Shawano, Wisconsin, abgeführt.

Indianern für Indianer gegründete Bildungsstätte. Die Universität wird ständig von etwa 150 Studenten besucht. Kurze Zeit später begann das American Indian Movement „Survival Schools" zu gründen, auf denen indianische Schüler in ihrer eigenen Tradition unterrichtet werden. Diese Bildungsstätten machten endgültig das Scheitern der offiziellen amerikanischen Integrationspolitik deutlich, die nach dem Motto Captain Pratts, des Gründers der ersten Internatsschule für Indianer, ausgerichtet war: „Töte den Indianer, erhalte den Menschen."

Ein vergleichbares Projekt ist die von den Mohawk-Indianern 1974 gegründete Kooperative Ganienkeh im Bundesstaat New York. Nach dem Vorbild ihrer Vorfahren, aber auch europäischer Gemeinschaften, etwa der Mennoniten, bauten in Ganienkeh indianische Traditionalisten eine Gemeinschaft auf, die entwurzelten Stadtindianern einen Ausweg aus Alkohol- und Drogenabhängigkeit weist. Verschiedene handwerkliche und landwirtschaftliche Einrichtungen sorgen für die wirtschaftliche Basis; seit 1978 besteht auch eine Schule.

Nicht weit von Ganienkeh liegt die Reservation Akwesasne, in der ebenfalls Mohawk-Indianer leben. Dort erscheint die „Akwesasne Notes", die größte panindianische Zeitung, die heute eine Auflage von 100 000 Exemplaren hat. Diese Zeitung ist nicht nur ein wichtiges Sprachrohr für die nordamerikanischen Indianer; die Berichterstattung über die Unterdrückung der Indianer in Südamerika sowie über die Situation anderer

Stammesvölker, etwa der Aborigines in Australien oder Maori in Neuseeland und der Sami oder Lappen in Europa, ist genauso zu einem selbstverständlichen Bestandteil der Zeitung geworden.

Mitarbeiter der Zeitung gründeten außerdem eine fahrende Schule, die „White Roots of Peace", die zu den Indianergemeinden in den Städten fuhr, um sie an ihrem Wohnort mit ihrer eigenen Kultur wieder vertraut zu machen. Die jüngste Initiative der Mohawk ist der Aufbau eines „Emergency Response International Network" (ERIN). Dieses Netzwerk schließt Personen zusammen, die bereit sind, kurzfristig per Brief, Telefon und Telegramm an Protestaktionen teilzunehmen. Zudem wird ein Dokumentatioszentrum über Menschenrechtsverletzungen an Minderheitenvölkern in aller Welt aufgebaut.

Auch die indianischen Frauen erhoben ihre Stimme und begannen, sich zu organisieren. Im September 1978 wurde die Bewegung „Women of all Red Nations" (WARN) gegründet, die sich insbesondere für die bedrohten traditionellen Lebensweisen und Rechte der indianischen Frauen einsetzt. Im Gegensatz zur „Women's-Lib"-Bewegung der weißen Frau kämpfen sie nicht vorrangig gegen die Unterdrückung in ihrer eigenen traditionellen Gesellschaft, sondern gegen die Unterdrückung durch das weiße Amerika. Die Frau als Trägerin des Lebens nimmt in der indianischen Gesellschaft eine bedeutendere Rolle ein als in der westlichen industrialisierten Welt.

Da die amerikanische Regierung bis heute Zwangssterilisationen bei Indianerfrauen durchführen läßt, ist der Kampf gegen diese Art des Völkermords eines der zentralen Anliegen von WARN. In Kanada machten die „Concerned Aboriginal Women" im Juli 1981 durch die Besetzung des örtlichen Büros des Department of Indian Affairs (DIA) auf sich aufmerksam. Sie deckten damit die Verschwendung von öffentlichen Geldern, die für indianische Projekte und Programme bestimmt waren, auf. (...)

Je mächtiger die Bewegung der US-Indianer wurde, desto deutlicher erkannten die Aktivisten, daß die Unterdrückung eingeborener Völker und ethnischer Minderheiten sich nicht auf die USA beschränkt; also suchten sie Kontakte zu Angehörigen anderer unterdrückter Völker. Diese Aufgabe übernahm in erster Linie der „International Indian Treaty Council". (...)

1977 hielten die Indianer Einzug in die UNO. Der Unterausschuß für Fragen des Rassismus, der Rassendiskriminierung, der Apartheid und Entkolonisierung befaßte sich auf einer Sitzung vom 20. bis 23. September 1977 in Genf erstmals mit der Diskriminierung der eingeborenen Völker auf dem amerikanischen Kontinent. Zu dieser Konferenz reisten 24 Delegierte der Irokesen, die sich selbst als autonome Nation betrachten, mit den Pässen ihrer Irokesennation. Die Konferenz war für die indianischen Nationen von großer internationaler Bedeutung. Der „International Indian Treaty Council" erhielt den Status einer „Nicht regierungsgebundenen Organisation" (NGO). Dadurch haben die Ureinwohner Amerikas erstmals in einem der wichtigsten internationalen Gremien einen nicht unwesentlichen Einfluß; zudem wurde ihnen ein Büro bei der UNO in New York zur Verfügung gestellt. Die Fortsetzungskonferenz über die Diskriminierung der eingeborenen Völker auf dem amerikanischen Kontinent fand 1981 ebenfalls in Genf statt. (...)

Schließlich entschloß sich auch die Russell Peace Foundation, die Situation der Indianer Amerikas anhand konkreter Fälle zu untersuchen. Das IV. Russell-Tribunal fand vom 24. bis 30. November 1980 in Rotterdam statt. Einer unabhängigen Jury wurden 14 ausgewählte Fälle vorgelegt, von denen sich sechs mit den Verletzungen der Rechte der nordamerikanischen Indianer befaßten. In allen diesen Fällen ging es um Vertragsverletzungen bezüglich der Landrechte. Sie machten deutlich, wie sehr die Ansprüche der Indianer mit den herrschenden wirtschaftlichen und politischen Interessen kollidieren. (...)

Das Gebiet der westlichen Gruppen der Shoshone-Nation in Nevada sollte nach den Plänen der US-Regierung für die Stationierung der MX-Interkontinentalraketen genutzt werden, nachdem die Stationierung in Utah am Protest der einflußreichen Mormonenlobby gescheitert war. Die zuständigen militärischen Planungsstellen zogen das Land der westlichen Shoshone für die Stationierung in Betracht, ohne die Zustimmung der Eigentümer einzuholen. Für 26 Millionen Dollar sollten den Indianern die Landrechte auf ihr Gebiet abgekauft werden. Für den Preis hätten sie den Anspruch auf ihr Territorium für immer verloren. Mit großer Mehrheit haben die Shoshone dieses „Angebot" abgelehnt.

Obwohl das Stationierungsprogramm von Atomraketen auf Shoshone-Gebiet aufgrund finanzieller und militärstrategischer Überlegungen heute nicht mehr zur Debatte steht, geht der Kampf der Shoshone um die Landrechte weiter; angeblich soll auf ihrem Gebiet Uran gefunden worden sein.

Auch in Kanada soll vertraglich gesichertes Indianerland wirtschaftlichen Interessen geopfert werden; wie in den USA führt dies zur Organisierung und Solidarisierung der Indianergemeinden. So konnten sich die Dene-Indianer des Nord-West-

Territoriums vorerst erfolgreich gegen den Bau der Alaska-Erdgas-Pipeline durch ihr Gebiet wehren. Sie wurden dabei von Teilen der kanadischen Kirche und den Gewerkschaften unterstützt. Heute wehren sich die Dene gegen Uranabbau und ein Staudammprojekt südlich des Großen Sklavensees.

Die Heimat der Cree-Indianer an der James-Bay im Staat Quebec soll ebenfalls einem gigantischen Staudammprojekt zum Opfer fallen. Insgesamt soll ein Gebiet von der Größe Nordrhein-Westfalens überflutet werden. Der erste Staudamm ist bereits errichtet, und die ersten Umsiedlungsaktionen haben stattgefunden. Trotzdem kämpfen die Indianer weiter um ihre Heimat. (...)

Neben den internationalen Konferenzen und Kontakten zu unterdrückten Minderheiten in aller Welt hat die erstarkte Indianerbewegung nicht verlernt, mit unmittelbaren Aktionen auf Bedrohung oder Repressionen zu reagieren.

Als einige Kongreßabgeordnete Gesetzesvorschläge einbrachten, die auf die endgültige Aufhebung aller zwischen den USA und den indianischen Nationen geschlossenen Verträ-

Marsch der Indianer auf Washington 1978.

ge sowie die Auflösung der indianischen Nationen und ihrer Reservationen abzielten, beschlossen die Indianer nach dem Vorbild des „Trail of Broken Treaties" den „Longest Walk" quer durch die USA. Der Marsch begann am 11. Februar 1978 in Sacramento, Kalifornien, und endete am 15. Juli in Washington, D.C. Die für die Indianer folgenschweren Gesetze konnten aufgrund des Widerstands bis heute nicht durchgesetzt werden.

Im Sommer 1979 führten ständige Übergriffe der Polizei auf die Mohawk-Reservation Akwesasne zu einer Eskalation des Konflikts zwischen den Mohawk und den Bundesbehörden. Als die Indianer Straßensperren errichteten, antwortete die Polizei mit einer insgesamt sechzehnmonatigen Belagerung der Reservation. Mit der Aktion konnte die Polizei den Mohawk jedoch keinen großen Schaden zufügen, denn ein geplanter militärischer Angriff wurde durch die Aufmerksamkeit der internationalen Öffentlichkeit vereitelt. Im Januar 1980 wurde der Fall von 28 Europa-Parlamentariern vor den Rechtsausschuß des europäischen Parlaments gebracht.

In den Black Hills, Süd-Dakota, versuchten die Lakota (Sioux) eine Landnahme unter umgekehrten Vorzeichen. Der Vertrag von Fort Laramie hatte ihnen 1868 das Gebiet zur „uneingeschränkten Nutzung" überlassen. Dieser Vertrag wurde im Juni 1980 vom Obersten Gerichtshof bestätigt, indem er feststellte, daß die Black Hills den Lakota gesetzwidrig weggenommen worden sind. Als Ausgleich sollten die Indianer 122,5 Millionen Dollar erhalten. Die Indianer lehnten das Geld ab; sie wollten das Land behalten und verlangten einen Schadenersatz in Höhe von insgesamt 13 Milliarden Dollar für die bisher ausgebeuteten Bodenschätze. Um zu demonstrieren, wie ernst sie es mit ihrer Landforderung meinten, errichteten sie am 4. April 1981 in den Black Hills das „Yellow Thunder Camp". Das war der Beginn der Wiederbesiedlung der Black Hills; inzwischen sind weitere Camps, etwa das „Crazy Horse Camp", entstanden.

Die Auseinandersetzungen um die Black Hills machten eine weitere Strategie des indianischen Kampfes

Indianische Territorien.

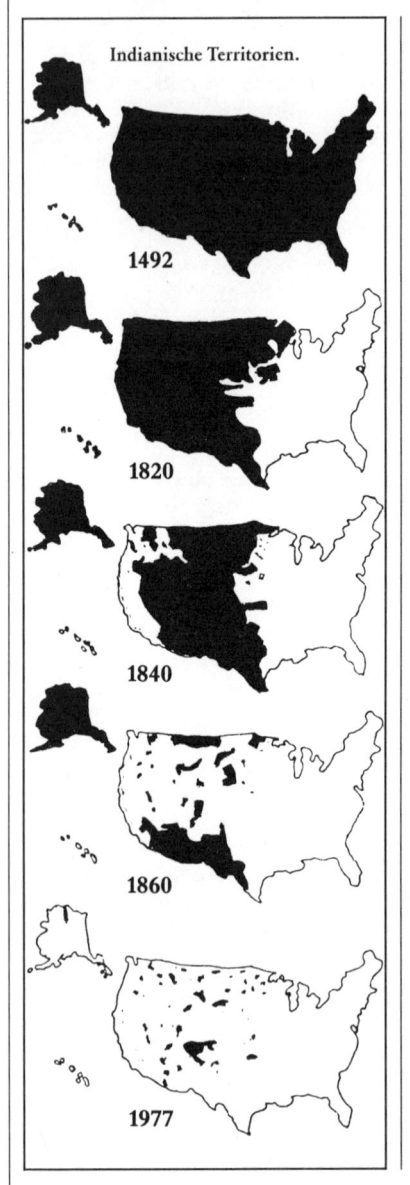

1492

1820

1840

1860

1977

deutlich: der Kampf vor Gericht. Bereits vor den Sioux hatten die Passamaquoddy in Maine erfolgreich auf die Einhaltung alter Verträge geklagt. Ihnen folgten die Wampanoag in Massachusetts und die Narraganset in Rhode Island. Für das von den Gerichten bestätigte vergangene Unrecht versucht das weiße Amerika heute, die Indianer mit Geld zu entschädigen, womit die meisten von ihnen nicht einverstanden sind.

Ein anderes Beispiel für die Politik gegenüber den indianischen Nationen ist Kanada. Seit dem 17. April 1982 ist Kanada offiziell ein souveräner Staat; bis zu dem Zeitpunkt hatte die britische Krone noch die Hoheitsrechte über die kanadische Verfassung. Dieser verfassungsrechtliche Zustand garantierte den Indianern, denen 40 Prozent der Landfläche Kanadas gehören, den Schutz ihrer Vertragsrechte durch die britische Krone, mit der sie als souveräne Nationen Verträge abgeschlossen haben.

In der neuen kanadischen Verfassung ist die rechtliche Stellung der Indianer nicht garantiert, was sie der Willkür der Regierung ausliefert. Gegen diese Pläne formierten Indianer aller Nationen den „Constitutional Express", einen Zusammenschluß von einigen Tausend Indianern, von denen 150 im November 1981 durch Westeuropa reisten. In London trugen sie der Königin ihr Anliegen vor. Durch diesen Protestzug wurden die Rechte der Indianer zwar nachträglich mit in die Verfassung aufgenommen, jedoch so allgemein, daß ihre Auslegung den Gerichten überlassen bleibt.

Vine Deloria: *„Gott ist rot"*

Christian Jungblut, Journalist und Träger des Kisch-Preises, beleuchtet den Streit der Hopi und Navajo um ihre Reservatsgrenze, bei dem es nicht nur um Landbesitz geht. In Wirklichkeit sind die Bodenschätze, der Kohleabbau, die Uranminen und die Kraftwerke der eigentliche Kern des Konfliktes.

Bill hatte einen verzagten Blick, als wir einige Tage später nach Walpi fuhren, ein Dorf auf der First Mesa, wo er aufgewachsen war und das wie die meisten Hopi-Orte wie eine Burg auf dem Tafelberg lag. Ich bemerkte sofort, als wir Walpi betraten, daß irgend etwas in der Luft lag – eine Spannung schien die Menschen erfaßt zu haben, die hier eng in den ineinander verschachtelten Häusern zusammenlebten. „Was ist los hier", fragte ich Bill. Er schwieg eine Weile, bevor er antwortete. Es gab Streit in Walpi. Das Dorf war, wie alle anderen Dörfer der Hopi, ein souveräner kleiner Staat, der von den religiösen Führern geleitet wurde. Sie gehörten zum Bear-Clan, waren also von Geburt an dazu bestimmt, dieses Amt auszuüben. Doch nun planten einige Bewohner einen Umsturz, wollten die Führer des Dorfes, nach Vorbild der Weißen, wählen lassen. Bill setzte sich auf einen Stein und klagte: „Ich verstehe das alles nicht."

Bill litt an der Misere seines Stammes: Er arbeitete nicht nur als Maisbauer, sondern schnitzte Kachinas, nicht jene billige Massenware wie viele andere Hopi, die ihre Kachinapuppen meist von den Zeichnungen ein und desselben Buches abkupferten, einzig mit dem Ziel, Geld zu verdienen. Bill legte seine Religiosität, seinen Schmerz und seine Verbundenheit zu Walpi in seine Kachinas. Diese Kachinas sind Geister und Mittler zwischen den Hopi und ihrem Schöpfer Taiowa, in vielfacher Gestalt – Mensch, Tier, Blume, Stern –, symbolischer Ausdruck von Pflichten und Ängsten, Wesenszügen oder Bitten. Was Bill in Gedanken beschäftigte, versuchte er in seinen Skulpturen darzustellen, geschnitzt aus Stämmen abgestorbener Pyramidenpappeln oder Wacholderbäume.

Hätte Bill diese Skulpturen nur für sich und seine Verwandten geschnitzt, wäre ihm wohler gewesen. Aber um Geld zu verdienen, verkaufte er die eine oder andere, zum Beispiel an Barbara, die weiße Lehrer-Ausbilderin. Diese Frau brachte die Kultur der Weißen ins Reservat und nahm die der Hopi dafür mit. Behängt wie ein Weihnachtsbaum trug sie Hopi-, Zuni- und Navajo-Schmuck an Händen, Armen, Hals, Ohren und Füßen, so als hätte sie das Erbe der Indianer an sich genommen. Sie schulte die Lehrer des Reservats, zumeist Weiße, und beggenete meiner Kritik an dem Unterricht, in dem Hopi-Kinder kaum noch ihre Muttersprache, sondern Englisch lernen, mit der nachsichtigen Bemerkung: „Aber die Hopi-Sprache lernen sie doch zu Hause bei der Familie." Sie bewunderte Bills Kunst und kaufte sie auf. Ihre Freundlichkeit und ihr Geld waren wie das Netz einer Spinne, mit der sie diese Menschen fing und alles, was ihnen gehörte.

Der rasche Zerfall der Hopi-Tradition war nicht zu übersehen, auch bei denen nicht, die sie pflegten. In

Hotevilla begegnete ich zwei Kachina-Schnitzern. Sie hockten in einem halbfertigen Haus, umgeben von leeren Schnapsflaschen und den Scherben zerschlagener Fensterscheiben.

„Was ist denn mit den Fenstern passiert?" fragte ich.

„Ach, irgenwelche Drogensüchtige. Davon gibt es jetzt ja viele."

Ich schüttelte den Kopf.

„Neulich", sagte der eine, „wurde hier der erste Hopi-Polizist ermordet. Das wird hier alles so wie bei den Weißen: Fast-Food, Video, Raub, Arbeitslose, Familienkrach..."

„...und Suff."

„Ach", sagte er und stellte sein Bein vor eine Whiskey-Flasche, damit ich sie nicht sehen sollte, „wir schnitzen nur unsere Kachinas, damit wir unsere Familie ernähren können."

Vielleicht war es dieser seelische Niedergang seiner Stammesgenossen, der Bill glauben machte, die Welt sei aus den Angeln gehoben. Aber da war auch noch der alte Streit um das Land mit den Navajo, dessen Ursachen bis in die Mitte des 16. Jahrhunderts zurückreichen. Zu jener Zeit – als auch die ersten Spanier hierher kamen – tauchten die Navajo zum ersten Mal in der Umgebung der Mesas auf. Sie kamen von weit her aus dem Norden und bauten Hogans, halbkugelförmige Lehmhütten, ähnlich den Iglus der Inuit. Nur deren bescheidenes und sanftmütiges Wesen brachten sie nicht mit. „Sie waren Diebe", sagte Bill. „Und sie sind Diebe geblieben. Sie stehlen einfach alles."

In Wirklichkeit war es so, daß die Navajo Habenichtse waren, Nomaden, die außer ihrer Kleidung nur ihre Jagdausrüstung bei sich hatten, während die Hopi Dörfer, Felder und Vieh besaßen und über einen unermeßlichen Bestand an Mythen und Zeremonien verfügten. Sie fühlten sich den Eindringlingen überlegen. Und so ist es bis heute geblieben. Die Navajo, arm und obendrein erniedrigt, aber im Gegensatz zu den Hopi bald beritten, antworteten über Jahrhunderte hinweg mit Raub, Brandschatzung und Mord. Und mit der Verachtung, mit der die Kavalleristen auf Infanteristen herabsehen, bezeichneten sie die Hopi als Fußlatscher oder Körnerfresser. Die Hopi zahlten mit gleicher Münze zurück, nannten die Navajo „Tasavuh", Schlagetot.

Weil die Navajo zu Pferd die Weiten um die Mesas durchstreiften, fühlten sie sich als die eigentlichen Herren des Landes. Selbst als sie von US-Truppen unter der Führung des Trappers Kit Carson gefangengenommen, im berüchtigten Langen Marsch rund 500 Kilometer weit in ein Lager bei Fort Sumner, West New Mexico, getrieben und schließlich nach vier Jahren, 1868, in ein festes Reservat entlassen wurden, konnte das ihren Willen nicht brechen. Sie erkannten die Gebietszuteilung nicht an und begannen wieder umherzuwandern. Sie beantragten bei der US-Regierung Gebietsvergrößerungen, an die zwanzigmal in knapp hundert Jahren, immer mit Erfolg, bis ihr Reservat schließlich das der Hopi umschloß, und die nicht mehr darauf vertrauten, daß Taiowa ihnen das Land erhielt. Denn es war kaum etwas übriggeblieben. Der Hopi-Stammesrat klagte und bekam teilweise recht: Die Navajo sollten einige der ursprünglichen Hopi-Gebiete räumen.

So standen die Dinge, als ich zum erstenmal mit Bill darüber sprach. Er sagte mir: „Weißt du, Hopi heißt ‚friedvolle Menschen'. Das ist es. Ich möchte in Frieden leben!" Es war die Klage eines Menschen, der nach Harmonie suchte und statt dessen mehr und mehr in einen üblen Streit hineingerissen wurde.

Kleinkariert nannten einige Zeitgenossen die Fehde, weil die Landfläche, die die Navajo zurückgeben sollten, im Vergleich zu ihrem Reservat nur so groß wie ein Handtuch war. Aber dort lebten immerhin an die 1700 Navajo-Familien, die nun verschwinden sollten. Viele gingen. Viele blieben und pochten auf die alten Grenzen. Die Landfläche um den Big Mountain, 1986 zum Kriegsgebiet erklärt, ist bis heute umstritten. Bill warnte mich: „Da kannst du nicht hingehen. Die Navajo und ihre weißen Hilfstruppen schießen auf jeden."

Ich ging trotzdem hin, fand niemanden mit einem Gewehr, sondern nur die alte Violet Ashike, die mit einer Hacke in der Hand gerade ihr Maisfeld bearbeitete. Sie lebte nahebei mit ihren Töchtern und Enkelkindern in einem Hogan, hatte auch ein kleines Wohnhaus, in dem überall zerknülltes Verpackungsmaterial herumlag.

Violet Ashike war 75 und bei guter Gesundheit. In der kleinen schmalen Frau verband sich der Widerspruchsgeist einer Suffragette mit dem Eigensinn eines Maulesels. Notfalls wollte sie ihren Hogan, ihren Weidegrund und ihre rund 60 Schafe mit Waffengewalt verteidigen, versprach sie. Und mit spitzbübischer Freude erzählte sie mir, wie sie einem der Arbeiter, die hier den Zaun für den neuen Grenzverlauf einpflanzen wollten, eins gewischt hatte. Der Mann war erst verdutzt gewesen, hatte dann seine Sachen zusammengepackt und wurde nie wieder im Gebiet um den Big Mountain gesehen. „Zwölf Jahre habe ich den Kampf hier ausgehalten", sagte sie, „und ich halte noch einmal so lange aus. Wo soll ich auch hingehen?"

Diese Frage bereitete inzwischen öffentliches Kopfzerbrechen. Die Navajo im angestammten Reservat hielten nämlich ihre Türen und Weidegründe für ihre Brüder und Schwestern aus dem umstrittenen Gebiet verschlossen, denen die US-Indianerbehörde daraufhin anbot, statt dessen das Leben der Weißen zu führen – mit eigenem Haus, Wasser und Elektrizität, mit Toilette und vielen Zimmern, jedoch außerhalb des Reservats.

Ich besuchte die Opfer dieser Umsiedlungsaktion in Winslow, einer schäbigen Kleinstadt am Rande des Reservats in Arizona. Sie besaßen zwar schöne Häuser. Aber sie mußten sich Jobs suchen, die es hier nicht gab, nicht mal für Weiße. Sie lungerten herum. Und die meisten hingen an der Flasche, eingelöst gegen Essenmarken der Wohlfahrt. Als ich Bill davon erzählte, rief er aus: „So ein Wahnsinn. Der Streit macht uns kaputt."

Gerüchte kamen auf. Bill und auch andere Indianer vermuteten, daß Behörden und Konzerne der Weißen den Streit schürten. Doch niemand konnte etwas beweisen. Denn bei dieser Auseinandersetzung, das dämmerte langsam allen Beteiligten, ging es nicht nur um den Boden, sondern um das, was darunter lag – Kohle und andere Bodenschätze, für die sich die Weißen sehr interessierten. Und diese Erkenntnis löste bei Bill Visionen von der Zerstörung der Erde aus, deren Vorzeichen er in unmittelbarer Umgebung sah: die Tagebau-Kohlemine der Black Mesa. Monströse Bagger krempelten dort unaufhörlich das Unterste des geheiligten Bodens nach oben. Sprengungen zerrissen die Luft und vertrieben die Adler. Die Kohle wurde mit der Eisenbahn wegtransportiert oder zermahlen und mit Wasser vermischt durch eine Schwemm-Pipeline über 500 Kilometer zum Mojave-Kraftwerk in Nevada gepumpt. 13 Millionen Liter Wasser täglich aus 610 Meter Tiefe. Obwohl die Ingenieure immer wieder versicherten, der Natur passiere nichts, war der Boden unter der schützenden Sandschicht plötzlich in weiten Flächen knochentrocken.

Nicht nur die Erde bebte und das Wasser zog sich zurück; auch der Himmel, der nur den Adlern und den Seelen der Verstorbenen, den Wolkenmenschen, vorbehalten ist, verfinsterte sich – vom Rauch großer Kraftwerke. Als ich auf dem Weg nach Shiprock in der nordöstlichen Ecke des Navajo-Reservats den kleinen Ort Teec Nos Pos passierte, entdeckte ich plötzlich eine riesige Rauchwolke am Himmel. Ich fuhr weiter – 20 Meilen. Da sah ich, daß die Rauchwolke vom Four-Corner-Kraftwerk bei Shiprock kam, daß die Welt aus der Balance geriet.

Die Mißhandlung der Erde und des Himmels war für Bill ein Beweis: Sie gingen den falschen Lebensweg, den, der unweigerlich zu Koyaanisqatsi führen mußte. Was ihn jedoch fast noch mehr beunruhigte: Die Hopi machten – nicht anders als die

Monument Valley, das auch heute noch Indianerreservat ist.

Navajo – damit Profit. So hatten beispielsweise beide Stämme die Schürfrechte für die Black Mesa der Peabody Coal Company vermietet, einem Konzern der Weißen, der dort im Jahr mehr als zehn Millionen Tonnen Kohle im Wert von rund 350 Millionen Dollar förderte. Bills Stamm erhielt 1988 davon zwölf Millionen Dollar, ebenso die Navajo, Dollars, die dringend gebraucht wurden, denn die Hopi zahlten keine Steuern, Arzt- oder Schulbesuch waren kostenlos; das Geld vom Peabody-Konzern wurde in Krankenhäuser, Schulen und Sozialprogramme gesteckt.

Was auch immer zu Bill Prestons Schwermut geführt haben mag. Eines Tages stieß ich auf etwas, von dem er sagte: „Davon weiß ich nichts." Die Geschichte von den Uranminen auf dem Gebiet der Navajo erfuhr ich nicht von ihm, sondern von einem Arzt in Tuba City. Er berichtete, wie es jenen Navajo ergangen war, die sich seit den vierziger Jahren bis weit in die Friedenszeit hinein in vielen kleinen Uranminen bei Shiprock, Tuba City und anderen Gebieten mit Schaufeln und Schubkarren in die Hügel und Täler gegraben hatten: Sie starben. Wie die Fliegen, sagte der Arzt.

Ein Navajo-Scout und zwei weiße Umweltschützer führten mich ins Gebiet um Cameron zu den 98 noch offenen kleinen Uranminen, die als Wasserlöcher für Kühe oder als Spielplätze für Kinder dienten. Niemand dachte daran, Zäune rundherum zu ziehen oder gar die Gruben sicher abzudecken, wie es jetzt end-

Navajo verkaufen Artefakte an Touristen.

lich bei den stillgelegten Uranmühlen von Shiprock und Tuba City geschehen war, nachdem der Wind jahrzehntelang radioaktive Staubreste über die Mesas getrieben hatte.

Als ich Bill von den Minen erzählte, und er beteuerte, das erste Mal in seinem Leben davon zu erfahren, fragte ich mich, warum er nichts davon wußte. Er kannte sich doch mit weit unwichtigeren Angelegenheiten bestens aus.

Als ich ihn vor meiner Abreise noch einmal traf, war er niedergeschlagen wie immer. Die Krankheit, sagte er, sei eine Störung des Gleichgewichts zwischen Körper, Seele, Geist und der Umwelt. „Die Aura, die den Menschen umgibt, hat dann ein Loch."

„Ist es die Angst davor, die dich bedrückt?"

Er schüttelte den Kopf. Da dämmerte es mir. Es waren Schmerzen, an denen er litt. Alle Hinweise auf Koyaanisqatsi lösten bei ihm Schmerzen aus, so wie ein hoher, unharmonischer Ton die Ohren martert. Und wenn von den Uranminen die Rede war, wurde dieser Ton unerträglich stark. Also stellte er sich taub.

„Wir konnten doch die vielen Jahrhunderte in Frieden leben, ohne all diese Veränderungen, die der weiße Mann uns gebracht hat. Wir lebten gut. Sehr gut sogar", sagte er mit Nachdruck. „Müssen wir denn so werden wie der weiße Mann? Müssen wir denn das Gleichgewicht stören?"

Christian Jungblut:
„Erst starb die Erde, jetzt das Herz."

Die Indianer in der Literatur

Indianer haben rötlichbraune Haut, Hakennasen, breite Backenknochen, dunkle Augen und blauschwarze Haare, die sie lang tragen. Sie bedecken ihren Kopf mit Federschmuck, ziehen Mokassins und Fransenkleidung an. Sie sind mit Skalpmesser, Tomahawks, Pfeil und Bogen, Speeren und Gewehren bewaffnet, reiten auf Mustangs und leben unstet in Zelten.
Indianer sind unzivilisierte Wilde. In Friedenszeiten, als Freunde einzelner Weißer, sind sie edel, außerordentlich tapfer, mutig, ehrlich, treu und schweigsam. Werden sie jedoch gereizt, so schlägt ihr wildes Blut um in Mordlust und Blutgier. Indianische Männer sind ziemlich faul, sie jagen und kämpfen.
Die Frauen gehorchen und müssen hart arbeiten.

Bevor die Weißen kamen, lebten die Indianer in vielen Stämmen, die sich unablässig bekämpften. Befehlshaber eines Stammes waren Häuptlinge, die mutigsten und weisesten Krieger. Medizinmänner waren oft verschlagen und grausam und beschworen die Geister. Indianer skalpierten ihre getöteten Feinde und marterten ihre Gefangenen zu Tode. Sie lebten von der Jagd und folgten dem Büffel durch die Prärien.

Die Reihe dieser Schlagwörter ließe sich leicht erweitern. Sie prägen seit Jahrhunderten das Indianerbild. Auf einen Nenner gebracht kann man sagen, daß die Indianer entweder als edle Wilde stilisiert oder als barbarische Heiden, die zu missionieren oder auszurotten sind, in einen großen Teil der Literatur eingegangen sind. Vermeintlich gute Bücher wie Fenimore Coopers „Lederstrumpf", aber auch die in literarische Form gebrachten Ereignisse um die Gestalt des Shawnee-Häuptlings Tecumseh, deren Vater der bekannte Schriftsteller Fritz Steuben ist, beeinflußten ganze Generationen von Lesern mit ihren Halbwahrheiten und Projektionen.

Karl May (1842–1912) ist sicher der meistgelesene Schriftsteller, dessen Indianerbild sich durch die Übernahme der genannten Klischees auszeichnet. Neben dem faulen, bösartigen und unzivilisierten Wilden gibt es bei ihm jedoch auch noch den „edlen Wilden" – verkörpert durch die Apachen und Winnetou –, den er, wie in der folgenden Szene, gegen den degenerierten, verbrecherischen Weißen als Vorbild stellt.

Die Zuschauer setzten sich nieder. Mehrere junge Krieger traten vor und stellten sich ungefähr fünfzehn Schritt vor Rattler auf. Sie warfen ihre Messer auf ihn, hüteten sich aber, ihn zu treffen. Die Klingen fuhren alle in den Sarg, auf den er gebunden war. Das erste Messer steckte links und das zweite rechts von seinem Fuß, jedoch so nahe daran, daß fast kein Zwischenraum mehr blieb. Die beiden nächsten Messer wurden weiter aufwärts gezielt, und so ging es fort, bis beide Beine Rattlers von vier Messerreihen eng eingesäumt waren.

Bis jetzt hatte er sich leidlich gehalten. Nun aber schwirrten die blanken Wurfgeschosse höher und immer höher, denn es galt, sämtliche Umrisse seines Körpers einzurahmen. Da bekam er Angst. Sobald ein Messer auf ihn zugeflogen kam, stieß er einen Angstschrei aus. Und diese Schreie wurden um so lauter und schriller, je höher die Indianer ihr Ziel nahmen.

Als dann der Oberkörper auch zwischen lauter Dolchen steckte, kam der Kopf daran. Das erste Messer fuhr rechts neben seinem Hals in den Sarg, das zweite links. So ging es hüben und drüben am Gesicht zum Scheitel empor, bis keine Klinge mehr Platz finden konnte. Nunmehr wurden die Messer alle wieder herausgezogen. Es war nur ein Vorspiel gewesen, ausgeführt von jungen Leuten, die zeigen sollten, daß sie gelernt hatten, ruhig zu zielen und sicher zu treffen. Sie suchten ihre Plätze wieder auf und setzten sich.

Hierauf bestimmte Intschu tschuna erwachsene Krieger, die auf dreißig Schritt Entfernung werfen sollten. Als der erste bereit war, trat der Häuptling zu Rattler heran und zeigte auf dessen rechten Oberarm. „Hierher!"

Das Messer kam geflogen, traf genau den bezeichneten Punkt und fuhr durch den Muskel in den Sargdeckel. Das war Ernst. Rattler fühlte den Schmerz und stieß ein Geheul aus, als ginge es ihm bereits ans Leben. Das zweite Messer bohrte sich durch den gleichen Muskel des andern Arms, und das Geheul verdoppelte sich. Der dritte und vierte Wurf waren auf die Oberschenkel gerichtet und erreichten auch dort genau die Stellen, die der Häuptling jeweils vorher bezeichnete. Man sah kein Blut fließen, da Rattler nicht entkleidet war und die Indianer jetzt nur solche Stellen treffen durften, wo die Verwundung keine Gefahr, also keine Verkürzung des Schauspiels mit sich brachte.

Vielleicht hatte der Verurteilte geglaubt, daß man es nicht so ernst meinte mit seinem Tod. Jetzt mußte er einsehen, daß die Ansicht falsch gewesen war. Er bekam noch Messer in die Unterarme und in die Unterschenkel. Hatte er vorher nur einzelne Schreie ausgestoßen, so heulte er jetzt in einem fort.

Die Zuschauer murrten, zischten und gaben in vielfältiger Weise ihre Mißachtung zu erkennen. Ein Indianer am Marterpfahl benimmt sich ganz anders. Sobald das Schauspiel, das mit seinem Tod enden soll, beginnt, stimmt er seinen Sterbegesang an, worin er seine Taten preist und seine Peiniger verhöhnt. Je größere Schmerzen man ihm zufügt, desto ärger sind die Beleidigungen, die er ihnen zuwirft. Nie aber wird er eine Klage ausstoßen, einen Schmerzensschrei hören lassen. Ist er dann tot, so verkünden seine Feinde seinen Ruhm und begraben ihn mit allen indianischen Ehren. Es ist ja dann auch für sie eine Ehre gewesen, zu einem so ruhmvollen Tod beigetragen zu haben.

Anders ist es bei einem Feigling, der bei der geringsten Verwundung schreit und brüllt und wohl gar um Gnade bittet. Ihn zu martern, ist keine Ehre, sondern beinah eine Schande. Darum findet sich schließlich kein wackerer Krieger mehr, der sich ferner mit ihm befassen will, und er wird erschlagen oder sonstwie auf eine ehrlose Weise vom Leben zum Tod gebracht.

Karl May: *„Winnetou I"*

Die Indianer in den verbreitetsten Comics sind ebenso klischeehaft dargestellt wie häufig in der Literatur. „Silberpfeil" ist ein typischer Vertreter des „Edlen Wilden".

In den „Lederstrumpferzählungen" von James Fenimore Cooper (1789–1851) erscheinen die Indianer ebenfalls nur als Klischees – als barbarische, unzivilisierte oder eben als edle Wilde. Allerdings dienen in seinem Werk die Darstellungen der Indianer nicht dazu, ein realistisches Bild ihrer Eigenarten zu zeichnen, sondern sie sind – neben den englischen und französischen Kolonisten – der Hintergrund, vor dem Cooper die neue Identität der noch jungen amerikanischen Nation und die Qualitäten der Amerikaner aufzeigen will.

„Wohin gehen?" fragte sie noch einmal, „böse Krieger dort unten, gute Krieger weit weg!"

„Wer bist du denn?" wollte Hetty wissen.

„Wah-ta-Wah! Ich keine Mingo, gute Delawarin, Ynglese Freund! Mingo sehr grausam und Skalpe lieben. Komm herüber, keine Augen hier!" Sie nahm Hetty bei der Hand und führte sie den Abhang hinunter an das Wasser; dann setzten sie sich nebeneinander auf einen Baumstamm.

„Warum hergekommen?" fragte sie, „woher gekommen?"

Hetty berichtete in ihrer treuherzigen Art, wie es um ihren Vater stünde, und daß sie ihn retten wolle.

„Warum dein Vater mitten in der Nacht kommen in Mingolager?" wollte Chingachgooks Verlobte nun weiter wissen, „er wissen, daß Krieg, er kein Knabe mehr, schon lange Bart im Gesicht; er genau wissen, daß Irokesen Tomahawk haben und Messer und Gewehr! Warum er kommen in der Nacht und mich an Haar packen und Delawarenmädchen Skalp holen wollen?"

„Dich hat er gepackt?" schrie Hetty auf, „dir hat er den Skalp nehmen wollen?"

„Warum nicht? Delawarenskalp zahlen wie Mingoskalp. Gouverneur nicht sehen Unterschied. Böse Ding, wenn Bleichgesicht Skalp nimmt. Nicht seine Sache, wie immer sagen der liebe Wildtöter." (...)

„Möge die Blume der Wälder sprechen", antwortete der Häuptling artig, als Wildtöter ihm das verdolmetscht hatte. „Wenn ihre Worte so lieblich sind wie ihr Antlitz, so werden sie immerdar in meinen Ohren wohnen; ich werde sie noch hören, wenn der Winter von Kanada alle Blumen längst hat verdorren lassen und kein Vogel mehr singt im eisigen Wind."

Judith lächelte erfreut und geschmeichelt.

„Gut, Hurone", fuhr sie fort, „höre also auf meine Worte. Deine Augen sagen dir, daß ich hohen Ranges bin. Zwar, die Königin dieses Landes bin ich nicht. Die ist weit von hier, in einem fernen Land. Aber ich bin aus einem mächtigen Geschlecht, und unter unseren Fürsten rühmen sich nur wenige meiner Würde. Sieh mich an, und du weißt, daß es nur an dir liegt, mich Freundin oder Feindin nennen zu müssen."

„Meine Tochter", entgegnete Spalteiche, der wie seine Leute ernst und würdig zugehört hatte, „meine Tochter ist liebreizend, die wilden Rosen am Ontario sind nicht so lieblich wie sie. Ihre Stimme ist süß wie das Zwitschern des Zaunkönigs. – Aber auch der Kolibri ist nur so groß wie eine Biene, und hat doch Federn

Jeremiah Johnson, USA 1971.

so herrlich wie der Pfauenschweif. Der Große Geist nämlich verleiht manchmal die prächtigsten Kleider an ganz kleine Tierchen. Und wiederum gab er dem Elentier nur ein grobes Gewand. Diese Dinge begreifen die armen Indianer oftmals nicht; sie verstehen nur, was sie hören und was sie sehen können. Ohne Zweifel hat meine Tochter einen prächtigen Wigwam irgendwo am See. Aber die Huronen haben ihn bisher noch nicht gefunden. Sie sind unwissend."

Er lächelte verschlagen.

„Ich sage dir, Häuptling", antwortete Judith, etwas ängstlicher werdend, „es wäre unnütz, dir meinen Rang und meine Herrschaft zu nennen, denn was begriffet ihr davon? Du mußt dich ganz auf deine Augen verlassen, und welcher rote Mann ist hier, der nicht sehen könnte? Das Kleid hier, das ich trage, ist das für eine gewöhnliche Squaw gemacht? Und die Perlen hier und Spitzen, wo anders hast du sie gesehen als bei den Weibern und Töchtern der allerobersten Häuptlinge? Aber jetzt höre, warum ich allein unter dein Volk gegangen bin und merke alles wohl. Die Bleichgesichter haben junge Krieger so gut wie die Huronen, und mehr als genug; das ist dir bekannt!"

„Sie haben ihrer so viele, wie Blätter auf den Bäumen wachsen. Jeder von uns weiß das."

„Gut. Hätte ich also eine Schar Krieger mitgebracht, so hätte ich euch nur entsetzt, und meine jungen Männer und die euren wären wütend aufeinander losgegangen. Das Bleichgesicht aber dort am Marterpfahl ist ein großer Jäger und in allen Garnisonen nah und fern hochberühmt und geliebt. Es hätte einen wilden Kampf um ihn gegeben, und der Weg der Irokesen heim nach Kanada wäre mit Blut gezeichnet worden."

„Es liegt schon genug Blut darauf", sagte der Häuptling düster, „es blendet unsere Augen, und meine jungen Krieger sehen, daß es lauter Huronenblut ist."

James. F. Cooper: *„Der Wildtöter"*

Die Liebesgeschichte „Laughing Boy" von Oliver La Farge spielt im beginnenden 20. Jahrhundert. La Farge setzt sich darin insbesondere mit dem Konflikt der Indianer auseinander, als diese vor der Entscheidung stehen, wie weit sie sich der amerikanischen Zivilisation anpassen können, ohne ihre indianische Identität zu verlieren.

„Mein Onkel."

„Ja, mein Sohn." Die altertümlichen silbernen Ohrringe schimmerten matt, als er den Kopf wandte.

„Ich denke über etwas nach."

Sie rauchten weiter. Ein schwarzweißes Zicklein schlüpfte herein, sprang hoch und wiegte sich auf einem Sattel. Draußen klang das rhythmische Dum-Dum der Weberin, die die Fäden am Webrahmen niederschlug. In der Ferne lachte ein Kind, irgendwo wurde Holz gehackt – lauter häusliche Geräusche.

„Ich denke daran, ein Weib zu nehmen."

„Du bist alt genug. Das ist eine gute Sache. Du tust recht daran."

Er war mit seiner Zigarette zu Ende. „Kennst du die eine da, Schlankes-Mädchen? Die soviel Schmuck an sich trägt? Die ersten zwei Nächte hat sie mitgetanzt."

„Sie ist von der Missionsschule."

„Das macht nichts. Sie gefällt mir."

„Das macht viel. Ich weiß nicht, wer ihr erlaubt hat, mitzutanzen. Es ist ihr verboten worden. Wasser-Sänger wollte sie tanzen lassen, aber wir haben es ihm verboten. Sie ist schlecht. Sie wohnt unten bei der Eisenbahn. Sie gehört nicht mehr zu unserem Volk, sie ist amerikanisch. Sie tut schlimme Dinge für die Amerikaner."

„Ich weiß nicht, was du meinst, aber ich kenne das Mädchen. Sie ist nicht schlecht. Sie ist gut. Sie ist stark. Sie ist die Rechte für mich."

„Du kommst von da oben her, du weißt nichts von solchen Dingen. Du kennst sie gar nicht. Welches ist ihr Stamm?"

„Ich weiß nicht."

„Was? Und du kannst meinen, daß du hingehen und dir auf solche Art ein Weib suchen darfst? Nächstens wirst du toll werden und ins Feuer springen, glaube ich. Ich sage dir, sie ist ganz schlecht. Für zwei Cent tut sie die schlimmsten Dinge."

Lachender-Knabe setzte sich plötzlich auf. „Das durftest du nicht sagen. Nicht einmal denken. Jetzt hast du zuviel gesagt. Böses soll auf deiner Spur folgen. Jetzt hast du zuviel gesagt. Ugh. Dieser Platz ist zu eng für mich."

Er stürzte hinaus. Er brauchte Raum, es kamen schon Leute, um das

Magazin herum wurde gelacht und geschrien. Er ging schnell, um allein zu sein, doch war er zu stolz, um vor den Leuten zu laufen. Es kochte in ihm, am liebsten hätte er zugeschlagen, er war ganz durcheinander.
So ging er weiter, bis er eine kleine Anhöhe erreichte, hinter der er gedeckt war. Er rannte um die Ecke.

Schlankes-Mädchen kam kühl und gelassen auf ihn zu. Sie zog erstaunt die Brauen hoch und blieb stehen. Unsicher trat er näher.

„Laß uns sitzen, hier ist Schatten."

Sie sahen einander an.

„Du hast deinen Onkel gesprochen?"

Er ließ mit bejahender Geste die Hand fallen.

„Und er hat mit dir geredet?"

„Er sagte schlimme Dinge. Ich bin zornig auf ihn."

„Und auf mich?"

„Du bist hergekommen, um mich zu treffen?"

„Ja. Ich wußte, daß du mich sprechen mußt, wenn du mit deinem Onkel geredet hast."

„Was mein Onkel gesagt hat, wird auf seiner Spur folgen. Er hat Böses getan, es wird ihm schaden. Der Weg eines bösen Gedankens ist krumm und hat kein Ende. Ich will nichts damit zu tun haben. Ich habe nur gute Gedanken über dich."

„Deine Mutter wird niemand senden, um mich zu werben. Du mußt mit mir kommen."

„Warte. Welches ist deine Sippe?"
„Ich bin eine Bithani. Und du?"
„Tahtchini. Das ist in Ordnung. Aber ich habe nichts, was ich deiner Mutter geben könnte. Bloß ein einziges Pferd."

„Ich habe keine Eltern. Sie sind gestorben, als ich auf der Missionsschule war. Ich gehöre mir allein. Dies alles –" sie hob die Halsketten hoch, Türkise, Korallen, weiße Muscheln, Silber, eine nach der andern, und ließ sie klirrend zurückfallen – „gehört mir. Dies alles" – sie berührte ihre Ringe und schüttelte die Armreifen an ihren Handgelenken – „und noch viel mehr gehört mir. Sie hinterließen es mir. Nun arbeite ich hier und da für die Frau des Missionars in Chiziai: Sie gibt mir Geld dafür, ich werde immer reicher. Ich kann dir Silber geben, um Schmuck zu schmieden, ich werde weben, und du wirst gute Pferde haben. Mit denen kannst du Geld verdienen, und wir werden zusammen reich sein."

Oliver La Farge: *„Laughing Boy"*

*Anna Jürgens Roman „Blauvogel"
beschreibt die Kindheit eines weißen Jungen in der Mitte des 18. Jahrhunderts.
Vor dem Hintergrund der Indianerkriege
lernt Georg, den die Irokesen entführt
und in ihr Dorf mitgenommen haben,
das Leben der Indianer aus deren Blickwinkel kennen. Das Buch zeichnet sich
dabei vor allem durch den Realismus der
Beschreibung der indianischen Kultur
aus.*

In Georgs Ohr blieb ein ungewohntes Wort hängen. „Onkel Rauchiger Tag? Wer ist das?"

Malia deutete in die Kammer, an deren Rückwand die Erwachsenen schliefen. „Na, der Onkel da!"

Sie benutzte ein indianisches Wort, aber der Junge begriff, daß sie das Geiergesicht meinte.

„Ich dachte, das ist dein Vater."

Wieder preßte sich das Mädchen die Hand auf den Mund, um nicht loszulachen.

Wenn Georg schon damals das Irokesische verstanden hätte, so wäre ihm klar gewesen, welches genaue Verwandtschaftsverhältnis das fremde Wort andeutete; es hieß nämlich „Mutterbruder". Doch nun mußte er sich erst sagen lassen, daß er nicht eine Familie von Eltern und Kindern vor sich hatte, sondern daß der Rauchige Tag Malias Onkel mütterlicherseits war, daß die Tante Rundliche Wolke hieß und daß in den anderen Kammern des Hauses noch zwei Schwestern der Rundlichen Wolke mit ihren Familien wohnten.

Aus den Kojen tönte Schnarchen.

Das Rindenbrett am Ausgang knarrte plötzlich.

„Die toten Seelen schlagen die Tür zu", murmelte Malia, stand auf und reckte sich nach einem Bündel, das vom Gestänge der Decke herunterbaumelte. „Es ist zu hoch, hilf mir doch!"

Während Georg die leichte Gestalt in die Höhe hob, knüpften die flinken Hände Malias das Bündel los, das als ein unsicherer, heller Fleck in der Finsternis des Dachraumes hing.

Der Junge erblickte ein Büschel kleiner, weißgrüner Pflanzen in ihren braunen Fingern. Malia tauchte ihre Nase tief in die gelben Blütensterne, fuhr dann ein paarmal mit dem Strauß über Georgs Gesicht und legte die Blumen auf die Kammerschwelle.

„Das mögen die Geister nicht, nun bleiben sie draußen", flüsterte sie und schlüpfte wieder unter die Matte.

Dem Jungen gingen ihre Worte im Kopf herum. Von seinem Lager aus sah er die gelben Blüten im Glosen des Feuers aufleuchten und wieder verschwinden. Er roch den herben Duft der Stiele und Blätter. Gegen welche Geister wohl sollten diese Blumen helfen? Meinte Malia vielleicht Hexen? Ob es hier Hexen gab? Der mit dem Geiergesicht sah beinahe so aus wie ein Zauberer. Das war also der Onkel Rauchiger Tag.

Georg ahnte nicht, daß ihn das Geschick zu einer am Alten hängenden Irokesenfamilie verschlagen hatte, die hier als ein Vorposten des Langen Hauses in dem weiten, flachwelligen Ohioland wohnte, mitten unter anderen Indianern, den Lenape und Wyandots.

Anna Jürgen: *„Blauvogel"*

In seinem Roman „Die letzte Grenze" setzt sich Howard Fast mit der gnadenlosen Verfolgung der Indianer durch die Weißen im ausgehenden 19. Jahrhundert auseinander. Er klagt vor allem die Vorgehensweise der Weißen an, die mit den Indianern Verträge schließen, nur um sie, wenn es wirtschaftliche Aspekte vorteilhaft erscheinen lassen, wieder zu brechen.

Sie hatten ihre Mahlzeit fast beendet, als Miles, der dem Fenster gegenübersaß, die Indianer auf sein Haus zureiten sah. Zuerst glaubte er, daß seine Augen ihn täuschten, daß es sich um eine Luftspiegelung, irgendeinen von der Hitze ausgebrüteten Traum handele. Es waren etwa zwanzig Indianer, die Oberkörper nackt und bemalt. Ihre Ponys waren mager wie Skelette, und ebenso mager waren ihre Reiter. Sie ritten in Wogen sonnendurchtränkten Staubes, in roten Wolken, auf denen die Leiber ihrer Pferde zu schwimmen schienen.

„Großer Gott, steh mir bei", flüsterte Miles. Dann folgten die Augen der anderen seinem Blick.

„Großer Gott, steh mir bei", sagte Miles noch einmal, und Seger murmelte: „Ein Unglück kommt selten allein!"

Seger ging als erster auf die Veranda hinaus und atmete erleichtert auf, als er sah, daß die Indianer, die sich nun vor der Front des Hauses aufreihten, ohne Waffen waren. Es waren Cheyennes, und Seger erkannte die beiden alten Häuptlinge, die sie führten: Stumpfmesser und Kleiner Wolf.

Stumpfmessers Schar von Nordcheyennes waren die letzten Indianer, die in den Cheyenne- und Arapahoebezirk gekommen waren. Ihre ursprüngliche Heimat lag in den Black Hills von Wyoming. Seit undenklichen Zeiten hatten sie dort gelebt, waren sie zur Zeit der Büffeljagd in die Prärien von Montana und Norddakota gezogen, aber immer wieder in ihre Heimat in den Bergen zurückgekehrt. Von allen Cheyennegruppen waren sie als letzte von der Zivilisation berührt worden. In ihren Bergen und in dem saftig-fruchtbaren Tal des Powder River hatten sie alles, was sie brauchten, und es dauerte lange, bis die weißen Männer dorthin kamen.

Im Jahre 1865 wurde der Harney-Sanborn-Vertrag unterzeichnet. Er garantierte den Indianern der nördlichen Prärien, den Sioux, Cheyennes und Arapahoes, das Land, das sie bewohnten, das ganze Becken des Powder River. Dieses Land erstreckte sich westwärts vom Kleinen Missouri bis zu den Black Hills und den Vorbergen der Rocky Mountains. Zu jener Zeit schien es, daß die Indianer für viele Generationen in diesem großen Landstrich leben könnten. Er war wildreich und außerhalb der Reichweite der Eisenbahn. Und das Viehweideland lag fünfzehnhundert Meilen weiter südlich.

Dann wurde der Bau der Union-Pacific-Eisenbahn vollendet. Im Gebiet des Powder River wuchs das Gras so hoch wie ein Pferderücken. In der ganzen Welt gab es kein so gutes Weideland. Die Leute aus Texas trieben ihre Herden fünfzehnhundert Meilen nach Norden, schufen die Chisholm-Trift, und die Regierung legte Forts an, um sie gegen die Indianer zu schützen. Die Indianer wehrten sich, und der Kongreß schickte Diplomaten, um den Harney-Sanborn-Vertrag zu brechen. Es war immer wieder die alte Geschichte: Vieh, Eisenbahnen, Terraingesellschaften – und die Indianer mußten weichen.

Stumpfmesser und sein Volk kämpften länger als die meisten anderen Stämme. Erst im Frühjahr 1877 ergaben sie sich General Mackenzie und seinen Truppen. Man erklärte ihnen, sie müßten ihr Heimatland verlassen und weiter südwärts ziehen, wo ein großes Territorium für die Indianerstämme reserviert worden sei. Man erklärte ihnen auch, sobald sie dort angekommen seien, werde die Regierung für sie sorgen, und sie könnten dann in Frieden und Wohlstand leben. Ein Zweig ihres Stammes, die Südcheyennes, lebe schon seit Generationen in Oklahoma. Dazu kamen noch andere Argumente, und das Hauptargument war ein USA-Reiterregiment. Dieses Schlußargument überzeugte sie, und nun waren sie etwas länger als ein Jahr in der Reservation.

Dieses Jahr war nicht glimpflich mit ihnen umgegangen. Aus den trockenen Prärien und Bergen des Nordens in die malariaverseuchte Niederung des Indianergebiets versetzt, starben sie wie die Fliegen an Fieber und Seuchen. Ein Volk von Jägern und Fleischessern aus einem wildreichen Lande, befanden sie sich plötzlich in einer Gegend, die ebenso bar des Wildes wie der Schönheit war. Schon vor ihrer Ankunft hatte Miles niemals genug Rationen gehabt. Und da die Lieferungen an ihn nicht erhöht wurden, so war er nicht bereit, von dem, war er hatte, etwas für gottlose Wilde abzuzweigen, die verdrossen in ihren Fellzelten hockten. Seit einem Jahr starben und hungerten sie, und jetzt erschienen die dürren Männer auf ihren dürren Ponys tatsächlich wie die Geister der Toten.

Howard Fast:
„Die letzte Grenze"

In seinen Kriminalromanen befaßt sich Tony Hillerman mit der Situation im Reservat der Navajo heute. Da er selbst zusammen mit Navajos aufgewachsen ist, viele Freunde unter den Indianern hat und im Navajoland lebt, ist er nicht nur ein Kenner der Lebensumstände, Mentalität und Religion der Indianer, sondern versteht es, seine Informationen leicht verständlich und spannend verpackt seinem Publikum nahezubringen.

„Das Leben hier draußen ist schwer geworden", sagte Mrs. Musket. „Sieht so aus, als wollte es überhaupt nicht mehr regnen." Sie schaute zum klaren, tiefblauen Himmel hinauf. Hier und da ein paar Puffwölkchen, wie immer im Spätsommer. Bis gegen Abend würden sie sich so weit verdichten, daß es nach einem kräftigen Gewitterregen aussah. Aber ehe es dunkel wurde, waren die Wolken dann wieder verweht – und mit ihnen die zaghaften Hoffnungen der Menschen hier oben.

Mrs. Musket und Chee hatten einander vorgestellt, ihre Familien genannt, die Namen enger Verwandter, ihren Clan. Sie stammte aus dem Standing Rock, war geboren für den Mud Clan. Erst danach sagte Chee ihr, daß er gekommen sei, um mit ihr über Joseph Musket zu sprechen.

„Du jagst ihn", sagte sie. Die Navajosprache lebt durch ihre Verben. Fannie Musket gebrauchte das Verb für die Jagd auf Tiere, nicht eine Umschreibung mit der Bedeutung „du suchst ihn", so wie man jemanden sucht, der vermißt wird. Es war ein Vorwurf, nicht nur der Tonfall verriet es, auch die Wortwahl.

Chee wählte absichtlich eine andere Formulierung. „Ich suche nach ihm. Aber daß ich ihn hier nicht finde, ist mir klar. Man hat mir gesagt, daß er schlau ist. Er würde nicht herkommen, während wir nach ihm suchen. Und hätte er's doch getan, würde ich nicht ausgerechnet seine Mutter fragen, wo ich ihn finden kann. Ich will nur herausfinden, was für ein Mensch er ist." (...)

Chee sagte nichts. Er fragte sich, warum sie unbedingt herausfinden wollte, wer als Täter in Frage kam. Gut, im Augenblick spielte das eine Rolle, ein Name konnte der Schlüssel zur Lösung aller rätselhaften Zusammenhänge sein. Aber danach war der Name doch nicht mehr wichtig.

„Sie hätten ihn nicht töten müssen", sagte sie noch einmal. „Und wer immer es war, er wird dafür büßen." Sie sagte es ganz ruhig, ohne dramatische Betonung, und rührte dabei weiter im Stew. „Die können ihn nicht umbringen und denken, sie kämen so davon."

„Manchmal kommen sie eben doch davon", wandte Chee ein, „so ist das nun mal."

„Nein!" Ihr Tonfall war auf einmal heftig. „Die werden nicht ungeschoren davonkommen. Haben Sie verstanden?"

„Nicht ganz", sagte Chee.

„Dann hören Sie genau zu: Auge um Auge, Zahn um Zahn."

„Jetzt habe ich verstanden."

„Glauben Sie etwa nicht an Gerechtigkeit? Glauben Sie nicht daran, daß jeder seine Rechnung bezahlen muß?"

Chee hob die Schultern. „Mag sein", sagte er. Tatsächlich aber war ihm die Idee, die hinter ihren Worten steckte, genauso fremd, wie Mrs. Musket die Vorstellung absurd gefunden hatte, jemand, der Geld besaß, hätte stehlen können. Bei den Navajos galt: wenn einer die ungeschriebenen Gesetze des Zusammenlebens brach und jemandem Leid zufügte, dann war er dem Einfluß anderer Menschen entzogen. Der ‚Wind des Bösen' hatte ihn gestreift und seinen inneren Gerechtigkeitssinn gestört. Man ging solchen Leuten aus dem Weg, nicht ohne sich weiter Sorgen um sie zu machen und auf den Tag zu warten, an dem sie vom Übel geheilt würden und zum *hozro* zurückfänden. Rache zu nehmen wäre einem Navajo so heillos erschienen wie das ursprüngliche Verbrechen selbst. Und Chee war ein Navajo, er empfand es so. Er wußte, daß viele Weiße so dachten wie Miss Pauling, aber er war dem Verlangen nach Selbstjustiz noch nie so unmittelbar begegnet.

Tony Hillerman:
„Der Wind des Bösen"

Glossar

AIM: (American Indian Movement): AIM, die Amerikanische Indianerbewegung, wurde 1968 von den Indianern Dennis Banks, Clyde Bellecourt und George Mitchell gegründet. Zunächst sollte AIM zum Schutz der indianischen Bevölkerung von Minneapolis-St. Paul und anderen Städten dienen. Ziel war es vor allem, die ständigen Nachstellungen seitens der US-Polizei zu unterbinden (in Minneapolis-St. Paul waren damals 10 % der Einwohner, aber 70 % der Inhaftierten Indianer). Bis etwa Mitte der 70er Jahre entwickelte sich AIM zur größten indianischen Organisation. Seine Büros waren über das ganze Land verteilt.
Aufgrund der „Politik der kleinen Schritte" bildete sich Anfang der 70er Jahre eine radikalere Gruppierung heraus, die angesichts der aggressiven Methoden der US-Regierung auch vor militanten Aktionen nicht zurückschreckte.
Die Hauptziele des AIM sind: Souveränität der Indianer, Selbstbestimmung, die Unabhängigkeit der indianischen Nationen, die Zulassung der kulturellen, politischen und spirituellen Eigenständigkeit.

Akadien: Im 16. Jh. von den Franzosen besiedeltes Gebiet, das dem heutigen Neu-Schottland entspricht.

BIA: (Bureau of Indian Affairs): Das Büro für Indianische Angelegenheiten wurde 1824 von der Regierung der USA ins Leben gerufen. Bis 1849 war es dem Kriegsministerium unterstellt, danach wurde es eine Abteilung des neugeschaffenen Department of the Interior (Innenministerium). Damit war eine Kollision der Interessen programmiert, denn die Zuständigkeit des Innenministeriums erstreckt sich u.a. auch auf die Arbeitsfelder Bergbau, Hüttenindustrie, Stromversorgung, Bewässerungsverteilung und Erkundung fossiler Brennstoffe wie Kohle und Öl. Von einer derartigen Institution können die Interessen der Indianer kaum ehrlich und gerecht vertreten werden, zumal sich gerade auf den Reservationsgebieten die größten Energiereserven der USA befinden (z.B. 90 % der im Tagebauverfahren zu gewinnenden Kohle, große Uranvorkommen, Wasserläufe zur Erzeugung von Strom).

Geister: An diesem Beispiel zeigt sich die Problematik, Phänomene fremder Kulturen mit uns geläufigen Begriffen zu bezeichnen. Für traditionelle Indianer waren und sind Geister genauso real wie die täglich wahrnehmbaren Dinge der (sichtbaren) äußeren Welt.
So kann die allen indianischen Ethnien bekannte „Große Kraft" - fälschlicherweise immer wieder mit Großer Geist und ähnlichen Bezeichnungen übersetzt -, die überall in der Natur zur Wirkung kommt, auch auf den Menschen übertragen werden. Dies geschieht durch die Kontaktaufnahme (in Träumen und Visionen) mit dem meist tierischen Schutzgeist, der die Teilhabe an dieser „Lebenskraft" ermöglichen kann (vgl. „Totemismus"). Der Schutzgeist ist der ständige Lebensgefährte und steht dem Schützling mit Rat und Tat zur Seite.
Neben diesen persönlichen Schutzgeistern spielen auch kollektive Geister eine Rolle. Dies gilt in besonderem Maße für die verschiedenen Geheimbünde.
Die angesprochenen Geister sind streng zu unterscheiden von den Ahnen- und Totengeistern.

Häuptling: Die entsprechende Personen wurden von den Weißen oft im Sinne eines absoluten Herrschers mit unumschränkter Befehlsgewalt mißverstanden.
Die Bestellung der Häuptlinge geschah bei den jeweiligen indianischen Gruppen unterschiedlich: durch Wahl oder Erbfolge oder eine Kombination beider Elemente.
Es gab aber auch Führungspersönlichkeiten, die nur für bestimmte Zwecke das Amt eines Häuptlings bekleideten: so z.B. die Jagdführer, u.a. bei den subarktischen Ethnien, oder die Lachshäuptlinge bei den Indianern der Nordwestküste.
Zu erwähnen sind auch die Friedenshäuptlinge, die für die „Innenpolitik" und den Zusammenhalt der Gruppe zuständig waren. Der für den Konfliktfall (äußere Bedrohung) vorgesehene Kriegshäuptling stand für die Dauer seiner Aufgabe über dem Friedenshäuptling.
Trotz bekannter Gestalten wie Sitting Bull, Red Cloud oder Crazy Horse, die kraft ihrer starken Persönlichkeit eine außerordentliche Stellung innehatten und über die Stammesgrenzen hinaus berühmt waren, gilt doch für die meisten indianischen Ethnien, daß nicht der Häuptling, sondern der Stammesrat die oberste Entscheidungsinstitution war, bestehend aus erfahrenen und angesehenen Männern, die aber die Entscheidung - im Gegensatz zu unseren Formen der Demokratie - nicht nach dem Mehrheitsprinzip, sondern nach dem Konsens trafen und treffen.

Heilige Hemden: Element des Geistertanzes, einer 1870 im Südwesten der USA durch den Povitoso-Indianer Tävibo aufgrund einer Vision gegründeten religiös-ekstatischen Bewegung. Die Geistertänzer erhofften eine Rückkehr der Toten und die ursprüngliche Souveränität der Indianer. Eine ähnliche Botschaft verkündete später auch der Paiute Wowoka. Desillusioniert von den menschenunwürdigen Zuständen in den Reservaten radikalisierte sich die Bewegung. Mit Schutzsymbolen bemalte „heilige" Hemden sollten die Indianer gegen die Kugeln der Weißen unverwundbar machen.

Konföderation/Liga: Zusammenschluß mehrerer Stämme zu einem oder mehreren Stammesverbänden. Eine der bedeutendsten war die Irokesen-Konföderation/Liga, die aus den Mohawk, Oneida, Onondaga, Tuscarora, Cayuga und Seneca bestand.

Medizinbünde: Streng organisierte, nach außen abgeschlossene Gesellschaften mit religiösgesellschaftlichen Aufgaben. Meist sind sie auch für die Krankenheilung zuständig. Mitglied kann nur werden, wer z. B. in einer Vision Bekanntschaft mit Dingen macht, die für die Medizinbünde von existentieller Bedeutung sind (Tiergeister, heilige Pflanzen... etc.).

Mestize: Mischling mit indianischem und weißem Elternteil.

Ostindische Kompanie: 1599 gegründete Handelskompanie, die im Jahr 1600 das Handelsmonopol für den Ostindienhandel erhielt.

Peyotl/Peyote-Kult: Eine typisch synkretistische Erscheinung, d. h. eine Mischform aus verschiedenen Religionen. Christentum und indianisches Glaubensgut (u. a. der mexikanischen Azteken und Huichol) wurden Ende des 19. Jahrhunderts von den Plainsstämmen miteinander verbunden. Der Große Geist steht im Mittelpunkt dieser Religion. Um Visionen zu erzeugen, nimmt man während der Zeremonie gemeinsam die Wurzeln der Peyotl-Kakteen zu sich. Das darin enthaltene Meskalin bewirkt visuelle Halluzinationen. Nach dem zeitweisen Verbot wegen angeblicher Suchtgefahr etablierte sich die Zeremonie 1944 als Native American Church of North America.

Potlatch: Ein Wort aus der Sprache der Nordwestküstenindianer, das „geben" bedeutet. Zu bestimmten Anlässen, z. B. der Übernahme eines Amtes, einer Hochzeit, einer Gedächtnisfeier für Verstorbene oder der Errichtung von Wappenpfählen wurden Potlatchfeste von der Adelsschicht abgehalten. Den auch als Verdienstfeste bezeichneten Potlatches lag die Absicht zugrunde, Anerkennung und dadurch Macht in der eigenen Gesellschaft zu gewinnen, indem der jeweilige Veranstalter Geschenke unter den Anwesenden verteilte. Je mehr Geschenke er aufbot, desto größer wurde sein Sozialprestige. Dadurch, daß jeder einmal Veranstalter und einige Male Nutznießer war, bestand für den einzelnen nicht die Gefahr der Verarmung. Voraussetzung für die Potlatchfeste war eine Überflußgesellschaft wie diejenige der Nordwestküste, wo die Natur die Menschen reich versorgte. Nahrungsmittel, Wolldecken und Kupferplatten wurden am häufigsten verteilt. Unter dem Einfluß der Weißen, die billig erzeugte industrielle Waren an die Indianer verkauften, nahm das System inflationäre Formen an. Dazu kam, daß die Indianer enorm dezimiert wurden, nicht zuletzt durch eingeschleppte Krankheiten, und sich so auch Nichtberechtigte um die Ränge stritten. Die Gegenstände wurden schließlich nicht mehr nur verschenkt, sondern nahmen Symbolfunktion an und wurden sogar oft zerstört, um den Konkurrenten zu beschämen. Die Potlatches sind zu einem Leitmotiv der Nordwestküstenkultur geworden und über den eigentlichen ethnologischen Bereich hinaus bekannt.

Puritaner: Eine im ausgehenden 16. Jh. in England entstandene religiöse Gruppierung mit einer strengen, auf persönlicher Reinheit beruhenden Glaubensauffassung, die vom schottischen Calvinismus und dem englischen Juristen und Philosophen Francis Bacon beeinflußt war. Ein wesentlicher Ansatzpunkt der sogenannten „Puritanischen Revolution" in England war der Anspruch, aus der Erde eine Art Paradies zu machen, das „Paradise Lost" (Milton) zu suchen und dann die pflegenden, kultivierenden Herren der Erde zu werden. Diese stark diesseitsbezogene Haltung steht ganz im Gegensatz zur damals noch weitestgehend von der Scholastik geprägten Vertröstung auf das Jenseits.

Reservation/Reservat: Gebiet, das von den Weißen den besiegten/unterlegenen indianischen Gruppen zugewiesen wurde. Meist waren die Reservate kleiner als die alten Jagd- und Siedlungsgebiete – und oft genug karges und unfruchtbares Land. Reservate, die später doch gebraucht wurden, eignete man sich durch Vertragsbrüche an, teilte sie auf und siedelte ganze Stämme auf anderen, kaum noch zu verwertenden Böden an. Dazu Spotted Tail, Sioux: „Warum stellt der große Weiße Vater seine roten Kinder nicht auf Räder, damit er sie leichter von einem Ort zum anderen bewegen kann?"

Smithsonian Institute: Gegründet von dem englischen Wissenschaftler Smithson und 1846 per Kongreßbeschluß in Washington D.C. etabliert. Das Smithsonian Institute steht unter der Leitung des US-Vizepräsidenten, des Obersten Richters, jeweils dreier Senatoren und Mitgliedern des Repräsentantenhauses und sechs weiteren nichtoffiziellen Personen. Unter die Verwaltung des Smithsonian Institute fallen Einrichtungen wie das Cooper-Hewitt Museum of Decorative Art and Design, der National Zoological Park und das National Museum of History and Technology.

Stamm: Zusammenschluß von Menschen gleicher Sprache, Kultur und Tradition zu einem selbständigen Territorialverband mit z.T. sehr unterschiedlichem Zusammengehörigkeitsgefühl der Untergruppen. Besonders in Zeiten aufkommender Kriegsgefahr und der Verteidigung des Stammesgebiets wächst das Stammesbewußtsein. „Stamm" ist ein in der Völkerkunde nicht eindeutig geklärter Begriff, da es oftmals Schwierigkeiten gibt, zwischen tatsächlichen Stämmen und ihren vielfältigen Unterteilungen Unterscheidungen zu treffen.

Totemismus: Der Begriff wird aus dem Ojibwa-Wort (totam) für Verwandtschaft hergeleitet. Gemeint ist die intensive Beziehung eines einzelnen (Individualtotemismus) oder einer Gruppe (Gruppen- oder Kollektivtotemismus) zu Tieren, Pflanzen oder anderen Erscheinungen in der Natur. Man fühlt sich diesen verwandt und erwartet häufig Schutz und Hilfe von ihnen. Name und Abstammung werden von diesem Totem abgeleitet.

Trail: Aus den Fährten und Spuren der Büffelherden, Indianer und später der Trapper und Händler entwickelten sich zu Beginn der 20er Jahre des 19. Jh. regelmäßig benutzte Verbindungswege in den Westen.
Die zwei wichtigsten Trails nach Westen waren der Santa Fé Trail und der Oregon Trail. Ausgangspunkt der meisten Karawanen aus Ochsengespannen und Planwagen war die am Missouri gelegene Stadt Independence.

Treck: Organisierter Siedlerzug quer durch den amerikanischen Kontinent (von Ost nach West).

Kleine Auswahl der weiterführenden Literatur

Feest, Christian F.: Das rote Amerika. Wien 1976

La Farge, Oliver: Die Welt der Indianer. Ravensburg 1977

Läng, Hans: Kulturgeschichte der Indianer Nordamerikas. Göttingen 1989

Lindig, Wolfgang: Die Kulturen der Eskimo und Indianer Nordamerikas – Handbuch der Kulturgeschichte, Abt. 2. Frankfurt a. M. 1972

Lindig, W. und Münzel, Mark: Die Indianer – Kulturen und Geschichte der Indianer Nord-, Mittel- und Südamerikas. München 1978

Biegert, Claus: Seit 200 Jahren ohne Verfassung – USA: Indianer im Widerstand. Reinbek 1981

Brown, Dee: Begrabt mein Herz an der Biegung des Flusses. München 1972

Buschenreiter, Alexander: Unsere Erde ist euer Untergang – Die Botschaft der Hopi und anderer US-Indianer an die Welt. Düsseldorf und Wien 1983

Deloria, Vine: Gott ist rot – Eine indianische Provokation. München 1984

Hetmann, Frederick: Die Spur der Navaho. Ravensburg 1983

Pogrom – Zeitschrift für bedrohte Völker. Herausgegeben von der Gesellschaft für bedrohte Völker, Postfach 159, 3400 Göttingen (die jeweiligen Sonderausgaben zum Thema Indianer: 54/55/56/ 62/ 63/89/135/140)

Trickster – Zeitschrift für Ethnologie, Postfach 340258, 8000 München 34.

Verwendete Literatur

Mary Jemison: Bericht über das Leben der Mary Jemison, die 1755 im Alter von 12 Jahren von den Indianern entführt wurde. Übersetzung: Barbara Sulzer, © Ravensburger Buchverlag

J.-B. Bossu: Neue Reisen in Louisiana. Übersetzung: Barbara Sulzer, © Ravensburger Buchverlag

Reiseberichte der Jesuiten, 1768. Übersetzung: Barbara Sulzer, © Ravensburger Buchverlag

T.C. McLuhan: Wie der Hauch eines Büffels im Winter, deutsch 1979 erschienen bei Hoffmann & Campe, © 1971 bei T.C. McLuhan

Vine Deloria: Gott ist rot, © beim Autor

Christian Jungblut: Erst starb die Erde, jetzt das Herz, GEO-Special, USA/Southwest, Nr. 2, 1989, © beim Autor

Karl May: Winnetou I, © 1951 Karl-May-Verlag, Bamberg

James F. Cooper: Der Wildtöter, © Paul Alverdes, Pöring

Oliver la Farge: Laughing Boy, aus: INDIANISCHE LIEBESGESCHICHTEN, Laughing Boy, © Beltz Verlag, Weinheim und Basel 1977, Programm Beltz & Gelberg, Weinheim

Anna Jürgen: Blauvogel, © Der Kinderbuchverlag DDR, 1953

Howard Fast: Die letzte Grenze, © Europäische Verlagsanstalt GmbH, Frankfurt

Tony Hillerman: Der Wind des Bösen, Thriller 2849, © 1989 by Rowohlt Taschenbuch Verlag GmbH, Reinbek

Bildnachweis

Umschlag
Vorderseite: Der Tod des Bisons. Gemälde von Albert Bierstadt, 1889. Washington, Corcoran Gallery of Art.
Buchrücken: Sitting Bull, Gemälde von Robert Lindneux. London, Peter Newark's Western America.
Rückseite: Catlin malt das Portrait von Uah-To-Toh-Pa. Gemälde von George Catlin, 1852. Washington, National Gallery of Art.

Bildvorspann
1 Catlin malt das Portrait von Uah-To-Toh-Pa. Gemälde von George Catlin, 1852. Washington, National Gallery of Art.
2 The Running Fox, Häuptling der Sauk. Gemälde von Catlin. Ebd.
3 Four Bears, Häuptling der Mandan. Gemälde von Catlin. Ebd.
4 Bow and Quiver, Häuptling der Comanche. Gemälde von Catlin. Ebd.

5 Bull's Back Fat, Häuptling der Blackfoot. Gemälde von Catlin. Washington, New Collection of Fine Arts.
6 Sharita Rish, Häuptling der Kansa. Gemälde von Catlin. New York, American Museum of Natural History.
7 Little Wolf, Häuptling der Iowa. Gemälde von Catlin. Ebd.
8 Wolf and Hill, Häuptling der Cheyenne. Gemälde von Catlin. Ebd.
9 Man of Good Sense, Häuptling der Kansa. Gemälde von Catlin. Ebd.
11 Polychrome Holzskulptur mit dem Motiv eines Wilden. Volkskunst, 19. Jh. La Rochelle, Musée du Nouveau Monde.

Erstes Kapitel
12 Die erste Messe in Amerika. Gemälde von Pharamond Blanchard, 1850. Dijon, Musée des Beaux-Arts.
13 Ureinwohner Virginias. Stich von Uecellio aus: Habiti antici et moderni, Venedig 1598.
14 Indianische Werkzeuge und Schmuckstücke, um 1500 v. Chr. Paris, Gallimard.
15 Angehöriger eines Stoßtrupps. Stich in: Théodore de Bry, América, o. O. 1596.
16/17 Jacques Cartier entdeckt den Sankt-Lorenz-Strom. Gemälde von Théodore Gudin, 19. Jh. Versailles, Musée National du Château.
18 Ein Biber. Holzstich in: Konrad Gesner, Historia Animalium, o. O. 1551–1587.
18/19 Mündung des Sankt-Lorenz-Stroms. Nichtdatierte Karte. Paris, Archives de la Marine.
19 Jacques Cartier. Stich in: Louis Nicolas, Raretés des Indes, 19. Jh.
20 Indianer aus Neu-Frankreich. Stich in: Relations de ce qui s'est passé dans le voyage des Pères de la compagnie de Jésus en la Nouvelle-France en 1668. Montreal, Sammlung Belzack der Universität Montreal.
20/21 Das Land von Hochelaga. Stich eines unbekannten Meisters um 1606.
22 Das befestigte Dorf Pormcick. Stich in: Théodore de Bry, Admiranta Narratio, 1585–1588. Paris, Service Historique de la Marine.
23 Das Dorf Secota. Stich in: Théodore de Bry, a. a. O.
24/25 Ureinwohner von Florida beim Transport der Ernte in die gemeinsamen Getreidespeicher. Stich in: Théodore de Bry, a. a. O.
26/27 Das Braten von Fisch auf einem Holzgrill. Stich in: Théodore de Bry, a. a. O.
28/29 Art und Weise des Goldsuchens in einem Wasserlauf der Appalachen. Stich in: Théodore de Bry, Le Moyne de Morgues, Brevis Narratio, 1563. Paris, Service Historique de la Marine.
30/31 Abfahrt der Pilger der „Mayflower". Gemälde von Bernard Gribble. Plymouth, Art Gallery.
31 Ankunft der Pilger der „Mayflower" in Amerika. Gemälde eines unbekannten Meisters, 17. Jh. London, E. T. Archives.

Zweites Kapitel
32 Blick auf den Fluß Puco. Gemälde von Davies Thomas, 1782. Ottawa, National Gallery.
33 Ansicht von Québec, Neu-Frankreich. Kolorierter Stich von J.-B. Franquelin, 1684. Paris, Service Historique de la Marine.
34 (oben) John Smith, von Indianern gefangengenommen. Stich eines unbekannten Künstlers, 1607, Ausschnitt.
34 (unten) Gefangennahme von John Smith. Stich eines unbekannten Künstlers, 1607.
35 (oben) John Smith im Kampf mit dem Häuptling von Pamaunkee. Stich eines unbekannten Meisters, 1607, Ausschnitt.
35 (unten) Kapitän John Smith nimmt den Häuptling von Pamaunkee gefangen. Stich eines unbekannten Meisters, 17. Jh., Ausschnitt.
36 Indianer, ausgestattet für eine feierliche Zeremonie. Zeichnung von John White, 1585. London, British Museum.
37 Der Kampf der Pequot. Stich in: John Underhill, News from America, New York 1638.
38 (oben) König Philipp. Stich unbekannter Herkunft, 17. Jh.
38 (unten) Der Kampf König Philipps. Stich eines unbekannten Meisters, 17. Jh.
39 Die Huronen. Stich von Mallet, 1685.
40/41 Das Massaker der Irokesen an den Huronen. Gemälde von Joseph Legaré, um 1828. Québec, Museum von Québec.
42 (unten links) Häuptling der Irokesen. Stich von Grasset de Saint Sauveur, 1796. Paris, Bibliothek der Bildenden Künste.
42 (unten rechts) Irokesischer Krieger. Stich von Grasset de Saint Sauveur, 1796. Ebd.
43 (unten links) Vornehmer Indianer des Volkes von Ottawa. Stich eines unbekannten Meisters, 17. Jh. Paris, Nationalbibliothek.
43 (unten rechts) Krieger der Nootka. Stich von Grasset de Saint Sauveur, 1796. Paris, Bibliothek der Bildenden Künste.
44/45 Befestigtes Dorf der Irokesen. Stich in: Les Voyages faits par le Sieur Champlain en Nouvelle France, 1632. Paris, Service Historique de la Marine.
46 (oben) Schlacht zwischen Irokesen und Franzosen in Kanada. Stich e. unbekannten Meisters, 17. Jh.
46 (unten) Wilder bei der Jagd, Wilder beim Spazierengehen. Stich eines unbekannten Meisters, 17. Jh. Paris, Nationalbibliothek.
47 Wilde bei der Jagd. Stich in: Voyages du Baron de La Hontan, 17. Jh. Paris, Nationalbibliothek.
48 Französische Soldaten bei der Ankunft in Kanada. Stich eines unbekannten Meisters, 17. Jh.
49 Mündung des Sankt-Lorenz-Stromes und Stadtrand von Québec aus der Vogelperspektive. Zeichnung, 17. Jh. Paris, Nationalbibliothek.

Drittes Kapitel
50 Wi-jun-jun (Taubeneikopf), Häuptling des Stammes der Assiniboin. Zeichnung von Catlin. Paris, P. P. P.

ANMERKUNGEN

51 Das sogenannte Amerika des Bosquet des Dômes, Trophäe. Bronze eines unbekannten Künstlers, um 1682. Versailles, Musée National du Château.
52/53 (oben) Schmuckgegenstände, Friedenspfeife, Beutel von Indianern Nordamerikas. Lithographie von Ludwig, Ecole Française, 19. Jh. La Rochelle, Musée du Nouveau Monde.
52/53 (unten) Lagerplatz der Indianer. Stich in: Bartlett William Henri, Canadian Scenery illustrated, London 1842. Privatsammlung.
54/55 (oben) Lederhaut der Mandan. Darstellung einer Reiterschlacht zwischen den Minnetaree und den Arikara, 1805. Cambridge, Ma., Peabody Museum, Harvard University.
54/55 Gruppe der Crow-Indianer, die wegen des einbrechenden Winters auf Wanderschaft sind. Gemälde von Clymer. Paris, P. P. P.
56/57 Penns Vertrag mit den Indianern. Gemälde eines unbekannten Künstlers, um 1840. Paris, Lauros-Giraudon.
58 Trapper in einem Camp der Sioux. Gemälde von Clymer. Paris, P. P. P.
59 (oben) Hemd eines Kriegers der Sioux aus bemaltem Leder, das mit Schweinsborsten und Pferdehaaren bestickt ist. Paris, Musée de l'Homme.
59 (unten) Dorf der Seminole-Indianer Floridas. Stich eines unbekannten Künstlers, 17. Jh. Paris, Bibliothek der Bildenden Künste.
60 A Narrative of Captivity, Suffering and Removes of Mary Rowlandson. Einbanddeckel des Buches. Boston, 1773.
61 Die Entführung Jeminas. Gemälde von Charles Wimar. Tulsa, Collection Minshall, Jr.
62 Tekakouita, erste indianische Nonne Nordamerikas. Stich in: Raequeville, Histoire de l'Amérique septentrionale, o. O. 1722.
63 Martyrium der Jesuiten Jean de Brebeuf und Gabriel Callemaut in Kanada 1649. Kolorierter Stich, 17. Jh. Chantilly, Bibliothèque des Fontaines.
64/65 Der Ruf der Wälder. In: Bartlett William Henri, a. a. O.
66/67 Die „verwilderten" Weißen. In: Bartlett William Henri, a. a. O.
68/69 Die Männer der Berge. In: Bartlett William Henri, a. a. O.
70/71 Pehriska-Ruhpa (Zwei Raben), Häuptling der Minnetaree. Aquarell von Maximilian Bodmer. Omaha, Nebraska, Sammlung Maximilian Bodmer, Northern Natural Gas Company.
71 Teil eines silbernen Kreuzes, hergestellt von Pierre Huguet für den Pelzhandel, 18. Jh. Ottawa, Musée National de l'Homme.

Viertes Kapitel
72 Le Chasseur d'élan. Gemälde von Philip Bert Geer. Anschutz Collection, USA.
73 Tomahawk mit indianischer Verzierung. Tauschobjekt zwischen den englischen und französischen Pionieren und ihren indianischen Verbündeten im 18. Jh. London, British Museum.

74/75 Ermordung der Jane McCrea in New York im Jahre 1777. Gemälde aus dem 19. Jh. Hartford, Wad Sworth Atheneum.
75 Kampf zwischen den Sioux und den Fox. Gemälde von Catlin. Paris, Gallimard.
76 Davy Crockett. Stich in e. Almanach des 19. Jh.
77 (oben links) Verhandlungen zwischen Kolonel Bouquet und dem Indianerhäuptling Pontiac. Stich von Benjamin West in: Smith Both, Historical Account, o. O. 1766. New York, Rare Book Division, Public Library.
77 (unten) Kolonel Bouquet überwacht die Rückführung der weißen Gefangenen, die von Pontiac entführt wurden. Stich von Benjamin West in: Smith Both, a. a. O.
77 (oben rechts) Der Indianerhäuptling Pontiac. Stich eines unbekannten Künstlers.
78 (links) Präsident George Washington bietet den Indianern die Friedenspfeife an. Amerikanischer Orden, 1792. Ottawa, Staatsarchiv von Kanada.
78 (rechts) Wappen von Amerika. Amerikanischer Orden. Ottawa, Staatsarchiv von Kanada.
79 The Spirit of '76. Gemälde von Willard. Berlin, Archiv für Kunst und Geschichte.
80/81 Die Schlacht von Fallen Timbers. Gemälde aus dem 19. Jh. The Henry Francis du Pont Winterthur Museum, USA.
82/83 Indianerdorf zu Beginn des 19. Jh. Gemälde eines unbekannten Künstlers. Ottawa, Nationalgalerie von Kanada.
84 (oben) Der Häuptling der Seminole-Indianer, Osceola, bietet den Weißen die Stirn. Stich in: Welch, Narrative of the Early Days, o. O. 1841.
84 (unten) Tecumseh. Stich eines unbekannten Künstlers, 19. Jh.
85 Ausschnitt vom Titelblatt des Magazins „Cherokee Phoenix".
86/87 Karte der indianischen Stämme. Original-Illustration von Pierre-Marie Valat.

Fünftes Kapitel
88 Bisonherde. Aquarell von Maximilian Bodmer, 1886. Omaha, Nebraska, Sammlung Maximilian Bodmer, Northern Natural Gas Comapany.
89 Sitting Bull u. Buffalo Bill. Foto: Tapabor, Paris.
90 Hinterhalt der Apache. Gemälde von Frederic Remington. London, Peter Newark's Western America.
91 Indianerüberfall auf einen Treck. Gemälde aus dem 19. Jh. Ebd.
92 (oben) Herstellung des Kriegsfederschmucks. Gemälde von J. H. Sharp. Ebd.
92/93 Pioniere verteidigen ihren Treck. Gemälde von Robert Lindneux. Ebd.
94 General Sherman. Foto eines unbekannten Künstlers. Ebd.
95 Innenansicht des Fort Laramie. Gemälde von Miller, 1837. Joslyn Art Museum, USA.
96/97 Die Rocky Mountains: Einwanderer überqueren die Ebene. Lithographie von Currier und Ives. London, Peter Newark's Western America.

ANMERKUNGEN

98/99 Durch das Land. Der Course of Empire fährt gen Westen. Lithographie von Currier u. Ives. Ebd.
100 Faksimile eines Plakats aus dem 19. Jh. Paris, Gallimard.
101 Watching the Wagon Train. Gemälde von Oscar Berninghaus. London, Peter Newark's Western America.
102/103 Sonnentanz der Mandan. Gemälde von Catlin. New York, American Museum of Natural History.
104/105 Das Innere eines Mandan-Wigwams. Gemälde von Catlin. Ebd.
106/107 Büffeltanz der Mandan. Gemälde von Catlin. Ebd.
108/109 Friedhof der Mandan. Gemälde von Catlin. Ebd.
110 Angriff der Indianer auf eine Eisenbahnbaustelle. Lithographie eines unbekannten Künstlers, 19. Jh. Kansas State Historical Society, USA.
110/111 Überfall durch Indianer. Gemälde aus dem 19. Jh. Paris, Gallimard.
111 Sitting Bull. Gemälde von Robert Lindneux. London, Peter Newark's Western America.
112/113 Die Schlacht am Little Big Horn. Original-Illustration von Pierre-Marie Valat.
114/115 Custers Last Stand. Gemälde von Edgar Paxson. London, Peter Newark's Western America.
115 (rechts) General Custer. Lithographie von Howattney. Paris, Explorer Archives.
116/117 Indianerreservat. Foto vom Ende des 19. Jh. Paris, Gallimard.
118 (oben) Begräbnis der Opfer des Massakers bei Wounded Knee. Foto vom 29. Dezember 1890. London, Peter Newark's Western America.
118 (unten) Regierungstruppen inmitten der gefrorenen Leichen nach dem Massaker bei Wounded Knee. Foto vom 29. Dezember 1890. Ebd.
119 Häuptling Big Foot, getötet beim Massaker von Wounded Knee. Foto vom 29. Dezember 1890. Ebd.

Sechstes Kapitel

120 Indianerzelt in Washington vor dem Kapitol, 1978. Foto: Gamma, Paris.
121 Dennis Banks, Gründer der amerikanischen Indianerbewegung (AIM). Foto: Ebd.
122/123 Missionare und Kinder indianischer Stämme in Kanada, um 1910. Foto: Tapabor, Paris.
123 (unten) Amerikanische Regierungsmitglieder schickten 7 yards Stoff als Spende an Indianer des Reservats Tuscarora, gemäß eines 1794 unterzeichneten Vertrages. Foto: Ebd.
124 Buffalo Bill's Wild West. Plakat von 1898. London, Peter Newark's Western America.
125 Theodore Roosevelt. Foto unbekannter Herkunft. Paris, Gallimard.
126/127 Das Abzeichen der Red-Power-Bewegung. Foto: Léonard de Selva.
128 Geronimo, Apachenhäuptling. Foto: London, Peter Newark's Western America.

Zeugnisse und Dokumente

129 Red Cloud Kautabak. Werbeplakat von 1867. London, Peter Newark's Western America.
131 Squaw und ihr Kind. Stich vom Ende des 18. Jh.
132 Indianer der Plains. Foto von Curtis. Paris, Gallimard.
133 Waffenverkauf an Indianer. Stich eines unbekannten Meisters, 19. Jh.
135 Fuchsjäger. Stich eines unbek. Meisters, 1750.
137 Betender Indianer. Foto von Curtis. La Rochelle, Musée du Nouveau Monde.
138 Jäger vom Stamm der Cree. Foto vom Ende des 19. Jh. Kanadisches Außenministerium.
140 Herstellungstechnik von Pfeilen der Apache im Südwesten der USA. Lithographie Ende 19. Jh.
142 Eisenbahnlinie in Arizona. Foto: M. Meppiel.
144 Hesquiat-Frau gräbt Wurzeln aus. Foto Ende 19. Jh. Kanadisches Außenministerium.
146 Red Cloud, Häuptling der Oglala, Anführer der Sioux u. Cheyenne. New York, Bettman Archives.
149 Chief Joseph, Anführer der Nez-Percé. Paris, Gallimard.
150 Indianerschule in Nebraska, Omaha-Indianer. Kanadisches Außenministerium.
153 Vor den Präsidentschaftswahlen versucht der Kandidat der Rebuplikaner, Ronald Reagan, die Indianer für sich zu gewinnen, Oktober 1980. Foto: Gallimard, Paris.
155 Indianerreservat in Arizona. Foto: Gamma, Paris.
157 Besetzung des Ortes Wounded Knee 1969. Foto: Gamma, Paris.
159 Begleitet von Polizisten verlassen rebellische Indianer das Polizeiamt von Shawano (Wisconsin) und machen die Siegergeste, 4. Februar 1975. Foto: Gamma, Paris.
160 Marsch der Indianer auf Washington 1978. Foto: Magnum, Paris.
162/163 Marsch auf Washington 1978. Foto: Ph. Grognard, Paris.
164 Karten der indianischen Gebiete seit dem 15. Jh. Blérancourt, Musée Franco-Américain.
167 Tipi der Assiniboin. Foto vom Ende des 19. Jh. Kanadisches Außenministerium.
169 Monument Valley, Utah. Foto: M. Meppiel.
170 Verkauf von folkloristischen Gegenständen in einem Indianerreservat in den USA. Foto: Magnum/Cartier Bresson, Paris.
173 (oben) Silberpfeil. Titelillustration von „Ein Opfer für Manitu". Serie: Silberpfeil, Band Nr. 284. © BASTEI-Verlag 1990.
173 (unten) Bruder Doppelskalp von Uderzo/ Goscinny, Serie: Umpah-Pah. Deutschsprachige Ausgabe erschien bei Sackmann & Höndl, Hamburg. © LOMBARD/Uderzo/Goscinny 1958.
175 Jeremiah Johnson. Film von Sydney Pollack, 1971. Foto: Edimages, Paris.
177 Krieger in der Prärie. Foto von Curtis. Gallimard, Paris.
178 Little Big Man. Film von Arthur Penn, 1968. Foto: Edimages, Paris.

Register

Abnaki 42, 75, 86, 137
Aborigines 159
Acoma 140
Acosta, J. de 14
Adel 47
Adobe 141
Adoptionsritus 130
Ahnengeister 142
Ahnfrau 138
Akadien 19
Akkulturation 122
Akwesasne 159, 163
Alabama 85
Alaska 14, 143
Alaska-Erdgas-Pipeline 162
Alcatraz 152, 156
Algonkin 20, 35 f., 38, 40, 42, 48, 62, 86, 137 f.
Alkohol 70 f.
Almanach 76
Alte Welt 15, 97
American Indian Magazine 124
American Indian Movement (AIM) 121, 127, 156, 159
American Indian Society 124
Amerikaner 78, 80, 100, 132
Amherst, G. 76
Amnesty International 158
Apache 87, 90, 100 f., 140 ff., 171
Apartheid 161
Appalachen 29, 76
Aranda, C. de 80
Arapaho 92, 95, 110
Archäologen 14
Arizona 100, 140, 142, 168
Asien 14
Assiniboin 51, 87
Atlantikküste 74
Australien 160
Auswanderung 20

Banks, D. 121
Basken 18
Baumwolle 141
Bear-Clan 165
Beerdigungsriten 108
Benteen, Captain 112 f.
Beothuk 18, 86
Beringstraße 14
Bewässerung 140 f.
BIA (siehe Bureau of Indian Affairs)
Bibel 14, 62
Biber 18, 43, 51 f., 65, 69
Biberjagd 56
Big Foot 119
Bighorn River 111
Bison 69, 83, 87, 90, 92, 94
Bisonschlächterei 92

Black Elk 151
Black Hills 110 f., 163
Black Mesa 168
Black Power Bewegung 126
Blackfoot 87, 95, 113
blackwoodmen 76
Blue Jacket 80 f.
Blutrache 46
Boas, F. 124
Bodenbauern 86, 137 f., 140 f.
Bodenschätze 165, 168
Bohnenanbau 138, 141
Boone, D. 76
Bossu, J.-B. 132
Boston 99
Bouquet, H. 76 f.
Bozeman Trail 90, 110
Bradford, W. 36
Brandrodung 138
Brebeuf, J. de 62
British Columbia 146
Brown, O. 94
Bry, Th. van 25, 27
Buffalo Bill 89, 92, 123 f.
Büffelhautmalerei 54
Buntline, N. 124
Bureau of American Ethnology 124
Bureau of Indian Affairs (BIA) 94, 123, 125, 127, 156
Burgoyne, J. 74
Burnett, R. 127

Cabot, J. 15
Cameron 170
Cape Cod 31
Cardinal, H. 127
Carlisle 147 f.
Carolina 74
Carson, K. 69, 166
Cartier, J. 15, 17, 19 f., 29, 48
Cascade Range 143
Catawba 116
Catlin, G. 51, 102
Cayuga 40
Champlain, S. de 20, 45, 48, 52, 60
Charlevoix 33
Cherokee 74, 78, 85, 86, 100, 158
Cherokee-Schrift 85
Chesapeake Bay 20
Cheyenne 87, 90, 92, 95, 101, 110 ff., 115
Chickasaw 85
Chief Joseph 113, 149
Chinook 90, 145
Chipewyan 87
Chippewa 80, 121
Chiricahua 140
Choctaw 74, 78, 85, 86
Cholera 71

Christen 62, 123
Clark, W. 89 f.
Coast Range 143
Cochise 101
Cochiti 140
Cody, W. F. 92, 124
Collier, J. 125
Colorado (River) 90, 101, 140
Colorado-Plateau 140
Colville 158
Comanche 75, 87, 90
Concerned Aboriginal Women 160
Constitutional Express 164
Cooper, F. 171, 174
Coronado, F. de 29
Crazy Horse 110 ff., 151
Crazy Horse Camp 163
Cree 87, 127, 138, 162
Creek 74, 78, 85, 86
Crockett, D. 76
Crook, General 101, 112
Crow 55
Crow Dog, L. 158
Cumberland River 137
Custer, G. A. 111 ff., 115, 119

Dakota 147, 151
Dawes Allotment Act 122, 125
Dawes, H. 122
Delaware 61, 80 f., 86
Deloria, V. 127
Dene 161 f.
Detroit 76
Deutsche 74
Dodge, G. 110
D-Q-U-Universität 158

Einwanderer 74
Eisen 52 f.
Eisenbahn 91 f., 94, 99, 110, 121, 142
Eldorado 29, 111
Eliot, J. 62
England 18, 78, 94
Engländer 42, 48, 60 f., 73 ff., 81 ff., 85
Entkolonialisierung 161
Epidemien 71
Erie 43, 48
Erikson, L. 15
Europa 15, 18, 47, 65, 74, 160
Ewige Jagdgründe 108

Fallen Timbers 80 f.
Fallensteller 65
Fast, H. 179
Feldbewässerung 141
Fernandez, J. 15
Fischfang 86, 143
Florida 18, 20, 25, 59, 85 f.

REGISTER 189

Fort 59 f., 74, 76, 95, 110, 132
Fort Alamo 76
- Albany 20
- Laramie 95, 111, 163
- Pitt 130
- Stanwix 77
- Tippecanoe 85
Fox 74, 86, 138
Frankreich 25, 76
Franzosen 19, 38, 40 f., 46, 48, 59 f., 73 ff., 133
French and Indian War 75, 77
frontier men 76
Fruchtbarkeitsmagie 142

Ganienkeh 159
Geheimbünde 139, 142, 145
Geistertanz 118 f.
Genf 161
George, D. 146
Georgia 85
Geronimo 101
Geschenke 58
Gewehre 38, 67, 132
Gold 29, 85, 90
Great Plains 87, 94, 99 ff., 107 f., 110, 112
Grönland 15
Große Seen 42, 52, 65, 74, 80, 85 f., 137
Großer Sklavensee 162
Gudin, Th. 17

Haartrachten 86
Haida 87, 144
Handbook of North American Indians 124
Handel 52, 58
Handsome Lake 84
Harney, W. S. 95, 101
Harpune 14
Harvard 62
Häuptling 171
Hehaka Sapa 151
Heilige Hemden 118 f.
- Medizin 122 f.
Heirat mit Indianerinnen 60 f., 67
Hesquiat 144
Hewitt, J. N. B. 124
Hillerman, T. 181
Hochelaga 19 f.
Hogan 141, 166
Holländer 38, 40, 42, 60
Holzkultur 143 f.
Hopi 87, 140, 142, 153 f., 165 ff.
Houston, S. 90
Hudson, H. 20
Hudsonbai 74
Hunkpapa 113
Hunt, Senator 121

Hupa 87
Huronen 20, 38, 40 ff., 45, 48, 55, 59, 62, 81, 86

Idaho 113
Illinois 75, 133, 158
Indian Reorganization Act 125
Indianerbild 171
Indianerkulturen 52, 137 ff.
Indianerstämme (Überblick) 86
Indianerüberfälle 110
Indien 13
Infektionskrankheiten 71
International Indian Treaty Council 161
Iren 74
Irokesen 19, 38, 40, 42 f., 45 ff., 55, 57, 59 f., 62, 74, 77 f., 80, 86, 138, 161
Irokesen-Kriege 42, 46 f., 62

Jackson, A. 84 f.
Jackson, H. H. 123
Jagd 55, 83, 171
Jäger 65, 69, 76, 86, 94, 122, 140
James-Bay 162
Jamestown 20, 33 f.
Jefferson, Th. 89
Jemison, M. 62, 130
Jesuiten 60, 62, 134
Jicarilla 140
Johnson, J. 180
Jungblut, Ch. 165
Jürgens, A. 178

Kabeljaufang 18
Kachina-Bünde 142
Kachina-Puppen 165
Kalifornien 87, 90, 99, 127, 143, 158, 163
Kalumet 58
Kanada 29, 48, 112 f., 146, 161, 164
Kansas 94, 115
Kanu 144
Karl I. 35 f.
Kartographie 19
Kennecott Copper Co. 153
Kernfamilien 138
Kiowa 87
Kirche 60
Kivas 142
Klan 139, 144
Klanzeichen 56
Kollektivbesitz 138
Kolonisation 20, 46
Kolumbus, Ch. 13 ff., 119
König Philipp 38
Korbflechterei 141
Korral 93
Krankenheilung 139, 142

Kriegsbemalung 135
Kriegsfest 134
Kriegsschmuck 92
Kroeber, A. 124
Kunsthandwerk 54
Kupfer 52
Kürbisanbau 138, 141
Kwakiutl 87, 90, 145

Lachsfischer 87, 143
La Farge, O. 176
Lafiteau, J.-F. 40
Laguna 140
La Hontat 46
Lake Huron 40
- Nipissin 40
- Ontario 40
- Simcoe 40
Lakota 147 f., 163
Lallement, G. 62
Landbesitz 56, 76
Langhäuser 25, 138
Lappen 160
Laudonnière, de 25
La Vérendrye 74
Le Moyne 25, 27
LeDeaux, J. 158
Lederstrumpf 171, 174
Lejeune, P. 45
Lewis, M. 89 f.
Liga 139
Lineage 144
Literatur, indianische 60
Little Big Horn 111 f., 151
Little Crow 100
Longest Walk 163
Louisiana 74, 132
Ludwig XIV. 47 f., 74
Luther Standing Bear 147 f.

Maidu 87
Maine 164
Maisanbau 87, 138, 141
Malecite 137
Man Afraid Of His Horse 95
Mandan 87, 102, 108
Mangas Colorado 101
Manhattan 20
Maori 160
Marion 158
Martyrium 62
Maryland 48
Masern 71
Massachuset 36
Massachusetts 31, 164
Massasoit 35 f.
Matriklan 141
Matrone 138
May, K. 171
McCreh, J. 74
Medizinmann 70, 171

REGISTER

Meersäugerjagd 143
Mennoniten 159
Menomini 138, 158
Meriam-Bericht 125
Mescalero 140
Mestizen 83
Metacomet 36 f.
Mexikaner 76
Miami 75, 80, 86
Micmac 54, 86, 137
Minneconjou 113, 119
Minnesota 100
Mission 62
Missionare 62, 70, 74, 122, 130
Mississippi 65, 74, 76, 80, 85, 92, 137
Missouri 132 f.
Missouri (Fluß) 69, 91
Mitchell, J. 121
Modoc 101
Mohawk 37 f., 40, 42, 46, 160, 163
Mohikaner 38, 40, 86
Mojave 87, 140
Mojave-Kraftwerk 168
Mokassin 53
Montcalm 76
Montreal 46, 62
Monument Valley 169
Mustang 75
MX-Raketen 161
Mystic River 36
Mythen 139

Narraganset 35 ff., 164
Natchez 74, 86
National Congress of American Indians 126
National Indian Youth Council 126
Native American Church 123
Navajo 87, 101, 140 ff., 153 f., 165 ff., 181
Nebraska 147, 150
Neu-Amsterdam 20, 33, 59
Neue Welt 13, 15, 30, 56, 71, 90
Neuengland 35, 37, 62
Neufrankreich 46 ff., 62, 65
Neumexiko 100, 140, 166
Neuseeland 160
Nevada 161, 168
New Plymouth 33
New York 20, 74, 161
Nez-Percé 87, 113, 149
Nixon, R. 154
Nootka 87
Nordamerika 14 f., 18, 20, 29, 33, 52, 116, 138
Nordwestküste 52, 143
Normandie 18

Oakley, Little Annie 89
Oberster Gerichtshof 85, 163
Oglala-Sioux 110, 112, 146, 151, 156 f.
Ohio-Tal 43, 75 f., 78, 80 f.
Ojibwa 83, 87
Okipa-Zeremonie 102
Oklahoma 85, 100
Omaha 99, 150
Oneida 40, 46, 78
Onondaga 40, 46, 59
Ontario 43
Opata 140
Oregon 91, 101, 113, 143
Oregon-Route 92, 95
Osage 87
Osceola 84 f.
Ostindische Kompanie 20
Ostküste 51 f.
Otreuti 59
Ottawa 40, 76, 80

Paiute 117
Pakanoket 37
Palisaden 59
Papago 140
Parker, A. 124
Passamaquoddy 164
Pastoren 62
Pawnee 87
Pawnee Killer 95
Pawtuxet 31
Pazifik 89 f., 92, 143
Peabody Coal Co. 153, 169
Pehriska-Ruhpa 71
Peltier, L. 158
Pelz(handel) 38, 40, 42 f., 48, 54 ff., 60, 65, 69, 83, 95
Pelzhändler 74
Penn, A. 178
– W. 56
Penobscot 86
Pequot 36 f.
Pequot-Krieg 36
Peyotl-Kult 122 f.
Pfeilspitzen 14 f., 52, 140
Piktographie 55
Pima 87, 140
Pine-Ridge-Reservat 156
Pine-Tree Chiefs 139
Pionier 97
Platte River 110 f.
Plymouth 31, 36, 38
Pocahontas 22 f.
Pocken 18, 36, 71, 76
Politik der Geschenke 58
Pomo 87
Pontiac 76 f.
Pormcick 25
Portugal 18
Potawatomi 80

Potlatch 52, 145
Powder River 151
Powhatan-Konföderation 34
präkolumbianische Indianer 14
Prärie 65, 99
Prärie-Indianer 137, 147
Pratt, Captain 159
Presbyterianer 30
Priester 142
Pueblo 140 f.
Pueblos 29
Puritaner 20, 30 f., 35 f., 38, 97
Pyrit 29

Quäker 56
Québec 20, 40, 43, 46, 48, 62, 76, 162

Rainbow, F. 151
Rangklassen 144 f.
Rassismus 161
Reagan, R. 153
Red Cloud 101, 110, 146, 151
Red Power 126
Red River 158
Regenmagie 142
Religionsfreiheit 20
Reno, Commander 112 f.
Reservat 35, 85, 89, 94, 101, 111, 116 ff., 122 f., 125 ff., 149, 163
Reservatsschule 122, 150
Rhode Island 164
Ribault 25
Rindenkanu 65
Rio Grande 140 f.
Riten 52, 122, 134, 142
Robbenjagd 143
Rocky Mountains 69, 89 ff.
Roman Nose 110
Roosevelt, Th. 125
Rosebud River 112
Rotterdam 161
Rotzeder (Redwood) 144
Rowlandson, M. 60
Russell Peace Foundation 161

Sachem 139
Sami 160
Sammler 86 f., 140
Sand Creek 101
Sandbild 142 f.
Sankt-Lorenz-Strom 17, 19, 38, 40, 42, 48, 137
Santee-Sioux 100
Santa-Fé-Route 92
Sauk 86, 138
Schamane 70, 139
Schotten 74
scrolls 55
Seaver, E. 130
Secota 25

Seminole 59, 84 f., 86
Seneca 40, 78, 84, 86, 124, 130
Sequoyah 85
sexuelle Sitten 70
Sezessionskrieg 99 f.
Shawano 159
Shawnee 37, 73, 80 f., 84 f., 86, 171
Sheridan, General 113
Sherman, General 94
Shiprock 169 f.
Shoshone 87, 122, 161
Sioux 59, 74, 77, 83, 87, 90, 92, 95, 100, 110 ff., 118 f., 147, 151, 163 f.
Sitting Bull 89, 111 ff., 119, 151
skalpieren 42, 131
Sklaven 145
Skorbut 18 f., 31
Skraelinger 15
Slaping Grove 91
Smith, J. 20, 31, 34 f.
Sonnenopfer 102
Sonora-Wüste 140
South Carolina 116
South Dakota 118, 147, 156, 163
Sozialprestige 145
Spanier 18, 29, 90
Spotted Tail 95, 112
Squamish 146
Squanto 31
St. Louis 69
Stadaconé 48
Stamm 139
Stammeseigentum 80, 84
Stammesfehden 54
Stammesrat 139
Steuben, F. 171
Susquehannock 48

Tanz 106, 142
Taos 140
Tarahumara 140
Taufe 70 f.

Tauschgüter 52
Tauschhandel 56, 60
Tecumseh 37, 73, 84 f., 100, 171
Tekakouita 62
Telegraph 94
Tennessee Boys 76
Tenskwatawa 84 f.
Termination 126
Territorien 56
Terry, A. H. 95
Texas 90, 94
Thames 85
Thoreau, H. D. 97
Tipi 67, 104
Tlingit 87, 90, 144
Tonti, M. de 133
Töpferei 141
Trail 91
Trail of Broken Treaties 156, 163
Trapper 56, 61, 65, 69, 90
Trecks, Große 91
Tsimshian 87, 144
Tuba City 170
Tuscarora 78

Unabhängigkeitskrieg 78
Underhill, J. 37
Union Pacific 99
UNO 161
Urahn 139
Uranabbau 162, 165, 170
US-Armee 110, 116
USA 78, 80 f., 85, 90, 117, 156 f., 161 f.
Utah 161

Vancouver Island 145
Vereinigte Staaten von Amerika siehe USA
Verrazano, G. da 15
Vertrag von Versailles 80
Viehzucht 94, 122
Vinland 15
Virginia 35

Waffen 40, 58
Waldlandstämme 137
Waldläufer 65, 67, 74 f., 130, 132, 175
Walfang 14, 18
Walöl 18
Wampanoag 35 f., 164
Wampum 57
Wamsutta 36
Wanditanka 119
Wanrow, Y. 158
Washarie 122
Washington 51, 94, 100, 113, 119, 127, 163
Washington, G. 78
Washita River 115
Wayne, General 80
Westen, amerikanischer 89 ff., 97
White Fish 87
White Roots of Peace 160
Whitman, W. 97
Wi-jun-jun 51
Wigwam 138
Wikinger 15
Wildbeuterkulturen 140
Wilkinson, General 80
William, General 94 f., 110
Wilson, R. 156
Winnetou 171
Wisconsin 158 f.
Wohunsonacock 34 f.
Wölfe 92
Wolfjäger 92 f.
Women of All Red Nations 160
Wounded Knee 119, 127, 156 f.
Wowoka 117 f.
Wyandot 80

Yaqui 140
Yellow Thunder Camp 163
Yuma 140

Zeremonien 141 f., 145
Zuni 87, 140

Inhalt

- 13 Erstes Kapitel: Rothäute und Eisenmenschen
- 33 Zweites Kapitel: Mit Pulver und Feuer …
- 51 Drittes Kapitel: Der Kulturschock
- 73 Viertes Kapitel: Der Weg der Tränen
- 89 Fünftes Kapitel: Die Eroberung des Westens

- 129 Zeugnisse und Dokumente
- 130 Die Indianer in den Augen der Weißen
- 137 Nordamerikanische Indianerkulturen
- 146 Wenn Indianer sprechen …
- 156 Indianer heute
- 171 Die Indianer in der Literatur

- 182 Anmerkungen
- 188 Register